KB115159

리더의 길

리더의 길

LEADER'S WAY

신제구 지음

책밥

낡은 리더십에 종말을 고하며

리더십을 전공한 덕에 28년째 쉬지 못하고 리더십을 고민하고 있다. 모든 이론이 변화를 한다지만 리더십처럼 별나게 변화하는 이론도 없기 때문이다. 세상이 변하면 사람도 변하고, 사람이 변하면 리더십도 변한다. 리더십에 정답이 없다는 말이 틀린 말이 아닌 이유다.

그렇다면 끊임없이 변하고 정답도 없는 리더십을 왜 고민해야 하는 걸까?

조직이 있으면 목표가 있고, 목표가 있으면 그 목표를 달성해야 하는 조직 구성원이 있고, 그들 곁에는 늘 리더가 존재한다. 즉, 조직이 있는 한 리더는 존재하는 것이다. 요즘 리더의 존재 가치가 예전만 못하다 할지라도, 엄연히 리더는 존재하고 리더에 대한 기대는 리더에 대한 실망만큼 크다.

지금까지 수많은 리더십과 관련한 연구와 책이 탄생했다. 이것을 보면 리더십이 중요하다는 게 입증되고 있음을, 리더십을 연구하는 학자로서 고집하고 싶다. 그래서 또 한 권의 리더십 책을 부질없이 냈다. 언제 또 어떻게 변할지도 모를 리더십을 말이다. 그것도 책 이름을 염치없이 《리더의 길》이라고 붙였다.

《리더의 길》은 현재의 리더십 딜레마에 집중했다. 그리하여 현재 조직이 직면하고 있는 리더십의 고민과 해법을 중점적으로 다루었다. 리더십의 '진리'를 담지는 못했지만 리더십의 '진실'을 담기 위해서 부단히 노력했다. 진리는 변하지 않는 사실이고 진실은 변할 수 있는 현재의 사실이기 때문에 진리를 논할 용기는 없어도 진실은 밝히고 싶었다.

아울러 과거에는 통했지만 지금은 통하지 않는 리더십 실패의 가정들을 바로잡고자 처절하게 고민했다. 고민이 거듭될수록 잘나가는 리더십이 아니라 덜 위험해지는 리더십의 해법을 제시하게 되었다. 위험해지지 않기 위해 아무것도 하지 않는 리더십이 아니라 자신이 직면한 현실에 선제적으로 대응하는 리더십 해법을 말이다.

후일 《리더의 길》은 부정되고 비판받을 것이다. 그러길 바란다. 어차피 리더십은 스스로 진화를 멈추지 않을 것이기 때문이다. 그러나 현재를 살아가는 리더는 현재의 난관을 뚫고 살아남아야 한다. 살아남아야 조직의 미래와 조직 구성원의 행복을 챙길 수 있다. 현재의 진실에 집중하는 리더십 해법은 그래서 더욱 간절했고 소중하다.

조직에서 누구를 만나느냐는 인생에서 매우 중요한 일이다. 특히 어떤 리더를 만나서 그를 관찰하고 학습하며 모방하는 과정은, 미래의 리더가 성장하는 데 너무나 중요한 영향을 준다. 그래서 상사는 아무나 해도 리더는 아무나 해서는 안 된다. 이제는 자신의 상사를 무조건 추종하는 시대는 끝났다. 리더는 자아 인식을 출발로 자신의 역할에 대한 명확한 이해와 이에 걸맞은 실력을 구축하고 솔선수범하여 조직 구성원의 귀감이 되고 교훈이 되어야 한다. 이러한 기본적인 기능을 회피하는 함량 미달의 리더라면 스스로를 단죄하고 자리에서 물러나야 한다.

그러나 문제는 대부분의 함량 미달 리더들이 자신만 그 사실을 모르거나 인정하지 않는다는 데 있다. 그러한 리더들은 과거의 리더십 때문에 고통스럽다. 그들은 자신들이 관찰한 대로 학습했고 학습한 대로 모방한 죄밖에 없다. 그래서 성공에서 멀어졌다. 지금의 추종자들 또한 현재의 리더를 관찰하고 학습하며 모방할 것이다. 그리고 또 실패할지 모른다. 이러한 과정이 반복되며 리더십은 계속해서 실패하고 계속해서 진화할 것이다. 《리더의 길》은 이러한 배경에서 같은 이유로 같은 실패를 반복하는 리더십에 종말을 고하고자 만들어진 책이다.

이 책은 모두 5장으로 구성되어 있다. 각 장마다 여덟 편의 리더십 이슈를 다루었다.

1장은 '리더십 딜레마'라고 이름 붙였다. 영원한 것은 없다. 리더십 또한 예외가 아니다. 세상의 변화를 감지하지 못하고 예전 방식으로 구성원을 이끌려는 리더가 직면하게 되는 딜레마는 무엇이고, 이를 어떻게 극복할지를 고민했다.

2장에서는 '진정한 리더로 거듭나는 길'을 찾고자 했다. 우리 사회에는 '패자부활전'이 없다. 한 번 실패하면 재기가 어렵다. 실패하지 않는 길은 미리 실패를 가정하고 대비하는 길이다. 그 길을 가기 위해서는 리더 자신이 스스로 변화해야 한다. 단단한 실력으로 무장해 품위 있는 리더로 거듭나는 데 필요한 실천 행위들을 여기서 제시한다.

3장은 '리더와 직원이 상생하는 길'이다. 조직의 성과는 리더 한 사람의 능력과 노력으로 결코 이루어지지 않는다. 조직에는 목표가 있고, 목표가 있는 조직에는 이 목표를 달성해야 할 직원이 있으며, 이들을 이끄는 리더가 존재한다. 지혜롭게 리더와 직원 모두가 상생하는 혁신적인 노하우를 살펴본다.

4장은 '높은 성과를 창출하는 리더십 전략'으로 정했다. 성과 없는 리더는 존재할 수 없다. 이것이 리더의 운명이다. 콩 한 조각도 나눠 먹는 리더는 곤란하다. 작은 고통을 분담하려는 리더보다 현재의 강점과 약점을 파악하여 미래에 선제적으로 대응하는 리더가 절실한 현실이다. 따라서 리더십의 전략적 관점을 깊이 있게 다루었다.

마지막으로 5장에서는 '새로워지는 조직문화를 위한 리더십 전략'이 주제이다. 조직이 생존만을 추구하다 보면 종종 초심을 잃고 본질을 망각하여 단기적 이익만 얻고 장기적으로 사회적 가치를 상실하는 경우가 있다. 리더가 조직의 정신적 가치와 조직문화를 잃지 않고 바로 세울 수 있도록 어떤 역할을 해야 하는지 알아본다.

《리더의 길》은 지금 이 순간, 리더들이 흔들리지 않고 걸어갈 방향을 말한다. 이 길의 끝에서 부디 조직의 안녕과 리더십의 명예를 회복하기 바란다.

신제구

머리말 낡은 리더십에 종말을 고하며   004

1장 ── 리더십 딜레마

딜레마 1 불안감이 불러온 '리더의 갑질'   017

딜레마 2 직원의 복수심을 불러오는 '못 믿을 리더'의 갑질   023

딜레마 3 리더를 무너뜨리는 치명적인 유혹, '뇌물'   030

딜레마 4 나쁜 리더보다 나쁜 '나빠진 리더'   037

딜레마 5 순식간에 전염되는 '나쁜 리더십'   042

딜레마 6 조직을 망치는 리더의 '잘못된 소신'   048

딜레마 7 리더의 눈을 가리는 '독선'   055

딜레마 8 불량한 히스토리가 불러오는 '리더십 역풍'   062

2장 —— 진정한 리더로 거듭나는 길

리더의 길 1 소유의 리더십보다 '존재의 리더십'을 펼쳐라   073

리더의 길 2 직급보다 '직능'에 집중하는 리더가 되라   079

리더의 길 3 리더 잡는 완벽주의, 자기 자비로 극복하라   085

리더의 길 4 경쟁자에게 적개심보다 '자부심'을 가져라   092

리더의 길 5 품위 없는 가십을 피하라   099

리더의 길 6 의심보다 '신뢰'를 중시하라   106

리더의 길 7 안전한 조직을 떠났을 때를 대비하라   113

리더의 길 8 학습된 무력감에서 벗어나라   120

3장 —— 리더와 직원이 상생하는 길

상생의 길 1 '완장 효과'를 조심하라   131

상생의 길 2 냉소적 방관자를 예방하라   139

상생의 길 3 공짜로 리더가 될 생각을 버려라   145

상생의 길 4 태만한 직원을 감지하라   151

상생의 길 5 진성 조직을 추구하라   158

상생의 길 6 '상전' 노릇에 연연하지 마라   164

상생의 길 7 갑질이 아니라 '배려'에 능하라   170

상생의 길 8 자부심을 먼저 챙겨라   176

4장 —— 높은 성과를 창출하는 리더십 전략

성과 전략 1 성취동기를 불러일으키는 방법   185

성과 전략 2 직원들의 마음을 잡는 심리적 계약   191

성과 전략 3 무책임한 리더와 태만한 직원을 양산하는 단기실적주의   197

성과 전략 4 실패하지 않는 신중한 실험 '리틀 벳'   203

성과 전략 5 위기를 예측하는 의도적 점검 시스템   210

성과 전략 6 주 52시간 근무 시대를 대비하는 리더십   215

성과 전략 7 저성과자에 대응하는 리더십 전략   221

성과 전략 8 리더의 생존을 이끄는 경쟁적 협력   228

5장 —— 새로워지는 조직문화를 위한 리더십 전략

문화 전략 1 임원의 혁신으로 만들어지는 애자일 조직   237

문화 전략 2 조직을 지키는 올바른 혁신 방법   243

문화 전략 3 위기 상황에서 돋보이는 리더의 세 가지 매력   250

문화 전략 4 세대 차이를 극복하는 실천적 조직 가치   256

문화 전략 5 조직을 떠난 임원 리스크를 예방하는 법   262

문화 전략 6 조직의 운명을 좌우하는 세 가지 신뢰   269

문화 전략 7 조직을 갉아먹는 '침묵'의 위험성   275

문화 전략 8 민첩한 조직을 만드는 실행 전략   281

1장

—

리더십 딜레마

경영 환경이 급속도로 변화하고 있다. 조직은 모든 부분에서 혁신적 변화를 요구받는다. 리더십 트렌드도 마찬가지다. 앞에서 강하게 끌고만 나갔던 이전의 리더십은 이제 더 이상 효과가 없다. 오히려 갖가지 갈등과 재앙만을 불러올 뿐이다. 새 시대, 리더들이 겪는 리더십 딜레마를 살펴보고 해법을 고민해보자.

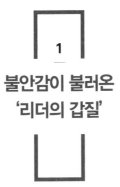

1

불안감이 불러온
'리더의 갑질'

리더는 자신이 갑질을 하고 있는지
의식하지 못하는 위험에 빠지기 쉽다.
'리더의 갑질'은 피해자가
정의 내리는 것이기 때문이다.

'갑질 논란'이 온 나라를 뒤흔들고 있다. 이제 갑질은 어디에나 존재하는 흔한 사회현상이 되었다. 거래가 있는 곳에는 갑질이 있고, 갑질이 있는 곳에는 억울한 피해자가 반드시 있기 마련이다. 개인적으로 갑질을 '불량한 강자가 선량한 약자를 일방적으로 지배하려는 비겁한 화풀이'라고 정의하고 싶다. 갑질은 상대가 누구냐에 따라 다양하게 나타나지만 그 피해는 항상 치명적이다.

기업과 같은 조직에서도 갑질이 문제가 되고 있다. 조직에는 계급이 있고, 계급에는 권력이 따르며, 권력에는 지배당하는 사람이 존재한다. 즉, 구조적으로 갑질이 불가피한 곳이 바로 조직이다. 조직 내 리더의 갑질은 부하 직원 개인의 피해를 초월하여 조직의 분열을 초래한다는 점에서 품위가 없다.

리더는 자신에게 보장된 권력이 존재함에도 불구하고, 왜 그 권력을 넘어서는 갑질을 하는 것일까? 사실 리더의 갑질에는 리더의 불안감이 숨어 있다. 이 불안감에는 몇 가지 유형이 있는데 다음과 같다.

첫 번째 유형, '무능형 갑질'. 한마디로 자신의 무능함을 들키지 않으려는 불안감이 갑질의 원인이 된 것이다. 직급이 높아진다고 능력도 자연히 높아지는 것은 아니다. 본인의 처절한 노력이 없다면 직급과 능력은 상관관계가 낮다. 직급은 높아졌는데 능력은 없고 경험만 있으면 직원들에게 자신의 경험만 얘기하게 된다. 그러나 능력 없는 리더의 경험담은 직원들에게 신뢰를 얻을 수 없다. 답답한 직원은 침묵하거나 저항하게 되고, 불안해진 리더는 갑질을 시작하게 된다. 리더는 지속적으로 공포감을 조성하고 직원의 모멸감을 자극하면서 불안감이 줄어든 착각을 느낀다. 그리고 직원의 침묵을 접하면 더욱 신나게 갑질을 한다. 자신이 직원을 완벽히 장악했다고 보기 때문이다. 소위 '공포감 없는 지배 욕구Fearless Dominant'가 발동한 것이다. 자신의 노력과 능력으로 승진한 것이 아니라 배경과 운으로 승진한 리더는 속으로 얼마나 불안하겠는가? 그들은 자신의 무능함을 들키지 않기 위해 갑질을 선택한 비겁한 자들이다.

두 번째 유형, '질투형 갑질'. 자신보다 유능한 부하 직원을 경쟁자로 인식하여 이를 통제하지 못하면 안 된다는 불안감이 갑질로 이어진 유형이다. 리더는 점점 짧아지는 조직 생활의 생존 주기뿐 아니라 늘어나는 똑똑한 부하 직원, 자신의 자리를 노리는 수많은 경쟁자까지, 여러 불안 요소들과 맞닥뜨린다. 특히 직원들 중에서 자신과 가장 가까운 위치에 있는 직원은 자신을 대체할 가능성이 높기 때문에 더욱 주시하게 된다.

두려운 경쟁자를 곁에 두고 마음 편할 사람은 없다. 불안한 위치에 놓인 리더는 유능한 부하 직원을 질투하게 된다. 남들이 볼 때는 부러운 인재이지만 리더 입장에선 불안한 경쟁자인 셈이다. 결국 리더는 무슨 수를 써서라도 질투심이 이는 유능한 부하 직원을 무력화시켜야만 불안감을 떨쳐버릴 수 있다는 결론에 이른다. 그리고 기어이 자신과 가장 가까운 부하 직원에게 무례한 언행을 쏟아붓고 만다. 가까운 사람에 대한 질투는 멀리 있는 사람에 대한 질투보다 더 잔인하다. 그 사람에 대해 잘 알기 때문이다. 그래서 더 혹독한 형태의 갑질로 번지기 쉽다.

세 번째 유형, '아부형 갑질'. 주인(조직의 최고 권위자뿐 아니라 리더에게 보상적·처벌적 권한을 가지고 합법적으로 권력을 행사할 수 있는 대상 모두를 내포하는 의미)에게 잘 보이려고 주인보다 더 주인 행세를 하려는 데서 나온 갑질이다. 별다른 능력과 대안이 없는 리더라면 주인의 눈치를 살피는 것이 최고의 생존 기술이다. 주인이 무엇을 원하는가를 먼저 파악하고 재빨리 대응해야 살아남을 수 있다는 불안감은, 자칫 지나치면 주인의 욕구를 초월한 갑질을 야기한다. 자신의 생존을 위해 주인보다 더 혹독한 갑질을 자행하게 되는 것이다. 오히려 주인이 만류하고 싶을 정도로 주인 대신 가혹한 갑질을 하는 경우도 종종 있다. 이러한 아부형 갑질은 갑질을 하는 리더 본인의 적을 만들기도 하지만, 아부형 갑질을 방치한 주인 또한 수많은 적들을 얻게 된다는 점에서 여러모로 치명적이다.

네 번째 유형, '자폭형 갑질'. 미래가 없는 리더는 누군가에게 잘 보일 필요도 없고 눈치 볼 이유도 없다. 희망이 없으면 용기도 없다. 용기 없는 사람이 누구의 눈치를 보고자 노력을 하겠는가? 이런 리더는 부하 직원에게 공격적인 갑질을 하는 걸 넘어 당연히 해야 할 자신의 의무를 망각하고 아무것도 하지 않는다. 이런 리더의 무기력도 일종의 갑질인 셈이다. 어쩌면 스스로 무너진 자폭형 갑질이 난폭한 갑질보다 부하 직원에게 더 큰 상처를 줄 수 있다. 자폭형 갑질을 하는 리더가 자신의 미래 모습이 아니기를 간절히 바라는 동시에, 저런 리더가 이끄는 조직이라면 앞날이 부정적일 것이라는 불안감을 불러오기 때문이다.

다섯 번째 유형, '원망형 갑질'. 조직에 대한 불만이 부하 직원들에게 공격적으로 전이되는 갑질이다. 화풀이는 누구에게 할까? 화풀이는 보통 강자에게 하는 것이 아니라 약자에게 하는 비겁한 행동이다. 조직에서 밀리고 자신보다 더 위치가 높은 리더에게 성과로 인한 압박을 받으면, 리더는 이성을 잃고 매우 감정적인 상태에 빠지기 쉽다. 감정이 흔들리면 판단력도 흔들린다. 어딘가 자신의 분노를 분출하고 싶어진다.

리더가 화풀이를 하기에 가장 만만한 상대는 단연 부하 직원일 가능성이 크다. 감정이 뒤틀린 리더는 부하 직원에게 이유 없이 화를 내거나 이유를 만들어서 자신의 분노를 표출하며 불안감이 해소된다고 믿는다. 이렇게 말 그대로 어이없는 화풀이가 바로 원망형 갑질이다. 억울한 부하 직원은 잠재된 억울함을 언젠가는 되갚아주

겠다는 다짐을 하며, 다양한 방법으로 리더의 갑질에 저항할 기회만 노리고 있을 것이 자명하다.

물론 리더의 갑질은 이 밖의 원인으로 드러날 가능성도 얼마든지 있다. 그러나 결론은 하나다. 리더의 무분별한 갑질은 경쟁자를 제외하고, 그 누구에게도 도움이 되지 않는다는 사실이다.

일련의 갑질 유형을 살펴보면 리더가 스스로 망가지는 지름길은 '자신의 불안감을 해소하기 위해 화풀이처럼 갑질을 하는 것'이란 결론을 내릴 수 있다. 물론 불안하지 않은 리더가 어디 있겠는가? 그러나 진정한 리더라면 불안감을 해소할 수 있는 올바른 방법을 선택하는 지혜가 있어야 한다. 불안감을 더욱 키우는 갑질을 선택한 리더에게 미래는 없다. 세상은 갑질 리더를 이해해주지 않는다. 갑질 때문에 오히려 그동안 쌓아두었던 결실도 한 방에 날려버릴 수 있다. 이것이 갑질의 본질이라는 것을 기억하고 갑질에 대한 경계심을 잊지 말아야겠다.

더욱이 가까운 사람에 대한 갑질을 더욱 경계해야 하는 이유는, 리더를 곁에서 지켜본 사람들이 리더의 불안감을 더 잘 알고 있기 때문이다. 이미 리더의 불안감이 무엇인지를 잘 알고 있기에 아무리 갑질을 해댄다고 해도 불안감을 숨길 순 없다. 리더로서의 불안감을 해소하는 첫걸음은 갑질이 아닌, 갑질의 유해성을 인식하는 것에서부터 시작되어야 한다.

2

직원의 복수심을 불러오는
'못 믿을 리더'의 갑질

리더의 일방적인 분노 표현에 질려버린 부하 직원은
절대 빈손으로 리더의 곁을 떠나지 않는다.

긴박하게 변해가는 조직 상황은 많은 것을 바꾸어놓았다. 최고경영자는 더욱 마음이 급해졌고, 리더는 더욱 불안해졌으며, 직원들은 더욱 힘겨워졌다. 마음 편한 사람이 없다. 시달리는 리더는 부하 직원을 돌봐줄 여유도 없고 한껏 예민해져 있을 뿐이다. 당연히 순했던 부하 직원도 엇나가고 만다.

실적에 얽매인 리더는 본인의 의지와 상관없이, 부하 직원에게 거친 감정을 여과 없이 표출하기 쉽다. 예전엔 실적을 올리기 위한 리더의 질책을 부하 직원들이 마땅히 참아야 하는 것으로 인식했다. 그러나 요새는 합리적이지 않은 갑질 질책에 저항하는 부하 직원이 훨씬 많다. 리더 입장에서는 일을 하다가 불가피하게 부하 직원을 탓하거나 책임을 묻는 것이라 생각했던 상황인데, 갑자기 부하 직원이 지나치게 저항을 하면 당황스러울 수밖에 없다.

그렇다면 여기서, 리더의 분노 표출에 대해 부하 직원이 어떤 의식 과정을 거쳐 저항의 정도와 방법을 선택하는지 살펴보자. 리더가 분노를 표출하면 부하 직원은 어떠한 인식 과정을 거치게 될까? 사람마다 개인차는 있겠지만, 대부분은 처음부터 부정적인 대응을 하지는 않는다. 그러나 리더가 지속해서 과한 분노를 표출하면 직원은 총 4단계를 거치며 저항을 하게 된다.

1단계 혼란기. 리더의 분노에 익숙하지 않은 경우, 겁을 먹거나 당황하는 단계이다. 이때 리더는 자신의 화풀이 행위를 당연하고 정당한 것이라 여긴다. 반면 부하 직원은 리더의 기대에 부응하지 못했다는 자책과 함께 자신의 능력에 대한 반성을 먼저 하는 등 복잡한 심정을 느낀다. 혼란기 단계에서 리더의 분노 표출은 가장 강력한 파급 효과를 갖는다.

2단계 적응기. 무서운 영화를 자주 보다 보면, 나중에는 웬만큼 무서운 장면이 아니고서는 겁을 먹지 않게 된다. 내성이 생겼기 때문이다. 부하 직원도 리더의 분노 표출을 자주 겪다 보면 내성이 생긴다. 겁은 나지만 충격은 완화되는 것이다. 이 단계에서 리더는 예전처럼 분노를 쉽게 표출하지만 부하 직원에게 전달되는 공포감은 급격히 떨어진다. 부하 직원도 상황에 따라 다르겠지만, 과거와 같이 리더의 기대에 부응하지 못했다는 자책보다는 리더의 분노 표출이 그저 리더의 습관이라고만 인식하게 된다. 적응기는 리더의 분노에 반성이 아니라 저항을 시작하는 단계인 것이다.

3단계 저항기. 반복되는 리더의 분노를 더 이상 순진하게 받아들이지 않는 단계이다. 이 단계에서는 리더의 분노 표출 방법은 변함이 없으나, 부하 직원의 대응 방법은 상당히 진화되어 있다. 부하 직원은 이제 더 이상 상하관계 때문에 리더의 분노에 무조건 굴복하지 않는다. 대신 사실에 기초한 합리적인 논쟁을 시도한다. 그리고 리더에게 감정만 앞세우지 말고 정당한 설명을 해달라고 예의 바르게 요청한다. 잘잘못을 따져보자는 것이다. 만일 리더가 자신이 분노를 표출한 이유에 대해 논리나 이유가 충분치 않은 설명만 내놓는다면 부하 직원도 물러서지 않는다. 안타깝게도, 이렇게 자신의 분노 표출이 약효가 없다고 판단하면, 리더는 더욱 심하게 분노를 표현하거나 비합리적인 분노를 보이게 된다.

4단계 역전기. 잦은 리더의 분노 표출에 익숙해진 부하 직원은 리더의 행동을 평가하거나 그에 지나치게 반응하기보다 자신만의 저항을 선택한다. 저항은 무심코 분노를 표출하는 리더에게 치명적이다. 예상하기 어려운 후폭풍을 몰고 오기 때문이다. 역전기가 되면 리더의 분노는 더욱 힘을 잃고, 부하 직원의 저항의 정도와 방식은 더욱 강화된다. 특히 부하 직원에게 신뢰를 얻지 못한 리더는 더욱 격렬한 저항에 직면하게 된다.

이상이 신뢰 없는 리더의 분노 표출에 대한 부하 직원의 저항이 진화해가는 인식 과정 4단계였다. 저항은 신뢰 없는 리더의 분노 표출에 대한 직접적이고 적극적인 대응 전략이다. 앞서 밝힌 네 단계 중 마지막 단계에 이르면, 부하 직원의 분노 또한 상당 수준에 이르게 되고 저항의 강도도 강해진다. 그리고 분노를 많이 표출하는 리더일수록 약점도 많은데, 이 점을 저항하는 부하 직원이 써먹지 않을 이유가 없다. 그렇게 부하 직원의 저항 행동은 무섭게 발전한다.

신뢰하지 않는 리더가 내뿜는 분노에 부하 직원은 '**분노 반추**Anger Rumination' 과정을 거친다. 분노 반추란, 신뢰하지 않는 리더의 분노를 지속적으로 경험한 부하 직원이 이 기분 나쁜 감정을 반복적으로 기억하며 분노의 수위를 높여가는 과정이다. 리더는 생각 없이 가볍게 표출한 분노일지라도 부하 직원은 신뢰하지 않는 리더의 분노에 대해 좋은 감정을 가질 수가 없고, 좋게 봐줄 생각도 없으며, 저항을 멈출 생각도 없는 것이다. 따라서 부하 직원의 억울함과 분노는 점차 커진다.

분노 반추는 분노를 키우고, 이렇게 커버린 분노는 두 가지 행동으로 실행된다.

첫 번째 행동, '복수 계획 Revenge Planning'. 리더의 갑질에 분노한 부하 직원은 물리적인 방법으로 자신의 분노를 표현하는 경우도 있겠지만, 일반적으로는 철저한 회피 전략을 선택한다. 유사한 전략으로는 침묵이 있다. 리더에게 협조와 헌신을 하지 않는다는 것은 결국 잘못된 정보를 제공하거나 아예 정보 자체를 제공하지 않는 일이다. 리더는 의사결정을 해야 하고 이를 위해서는 정보가 필수적이다. 만약 충분한 정보를 확보하지 못한다면 리더의 의사결정은 그만큼 부실해지며, 이러한 의사결정이 리더와 조직에 좋은 결과를 가져올 리만무하다. 결국 습관적으로 표출한 리더의 분노는 도리어 리더에게 치명적인 화를 불러오는 꼴이 된다.

두 번째 행동, '전이된 공격성 Displaced Aggression**'.** 부하 직원들은 리더가 이유 없는 분노를 표출해도 직접적으로 리더에게 저항하거나 똑같이 분노를 표출하기 어려운 것이 현실이다. 이러한 경우에 분노한 부하 직원이 리더에 대한 공격성을 다른 사람에게 전이하는 경우가 있다. 다소 치사하기는 하지만 다른 약자에게 화풀이를 하는 것이다. 리더가 특정인에게 표출한 분노가 아무런 관련도 없는 제삼자에게 비정상적으로 전이되는 상황이 지속되면, 조직의 분위기가 험악해지고 조직 내부에 부정적인 감정과 갈등이 심화된다. 그렇다면 그 피해는 결국 누구에게 돌아갈까? 전이된 공격성으로 피해를 본 직원은 물론이고 갑질을 당한 부하 직원도 피해를 받겠으나, 궁극적으로 조직의 사기를 떨어뜨린 리더가 가장 큰 피해와 책임을 질 수밖에 없다.

리더도 사람인지라, 조직 생활을 하다 보면 분노하지 않을 수 없을 정도로 화가 나는 일이 생긴다. 이때 분노를 표현하는 게 당연할 때도 있다. 문제는, 부하 직원과의 사이에 신뢰가 없는 상태에서 리더 본인도 뚜렷한 이유를 모른 채 잦은 분노를 표출하는 일이다. 이 같은 분노의 갑질은 리더 본인에게 치명적인 피해로 돌아올 수 있기에 각별한 주의가 필요하다.

조직에서는 드러난 적보다 가려진 적을 더 경계해야 한다. 리더가 무심코 분노를 표출해도 부하 직원이 적절히 반응하며 후폭풍을 경고해준다면 미리 조심할 여지가 생긴다. 그러나 분노를 가슴속에 계속 쌓아두고만 있는 부하 직원이 있다면, 그가 한계치에 도달하기 전까지 리더는 자신이 잘못되었다는 것을 알 수가 없다.

요즘 리더는 작은 감정 표현 하나도 신중해야 한다. 잘나가는 리더보다 덜 위험해지는 리더가 되는 것이 중요해진 지금, 자신의 분노 표출이 부하 직원에게 어이없는 갑질로 비춰지진 않을지 리더 스스로 파악하고 지혜롭게 인내하는 전략이 필요하다.

3

리더를 무너뜨리는
치명적인 유혹, '뇌물'

뇌물이 위험한 과학적 근거와 논리를 알아야
뇌물의 유혹에서 자유로울 수 있다.

직급이 낮을 때는 한 가지만 잘해도 인정받는다. 주변의 기대가 크지 않기 때문이다. 그러나 직급이 높아지면 한 가지만 실수해도 많은 것을 잃는다. 주변의 큰 기대에 미치지 못했기 때문이다. 리더는 힘이 커질수록 더 크고 다양한 위험에 직면하기 마련이다.

리더에게 가장 위협이 되는 것이 바로 '뇌물'이다. 뇌물은 '어떤 직위에 있는 사람을 매수하여 사사로운 일에 이용하기 위해 넌지시 건네는 부정한 돈이나 물건'이라고 정의된다. 뇌물은 리더가 조직이 원하지 않는 방향으로 의사결정을 할 수 있다는 점에서 반칙이다. 또한 조직의 이익보다 타인의 이익을 먼저 고려하게 한다는 점에서 비겁하다. 뇌물을 받은 리더는 상황에 따라 억울한 경우가 있을지라도 변명보다 반성을 먼저 해야 한다는 점에서 리더를 비굴하게 만든다. 그래서 리더에게 뇌물은 뇌사腦死에 가까운 형벌이고 재앙이 될 수 있다.

그렇다면 리더가 뇌물의 유혹에 쉽게 노출되는 이유는 무엇일까? 개인차는 있겠지만 물질적인 욕구가 첫 번째 원인일 것이다. 이와 더불어 남들이 자신에게 굽실거리고 아쉬움을 호소하는 모습에서 리더의 힘을 확인하고 싶은 교만함이 뇌물의 접근을 허락하게 한다. 자신에게 주어진 힘이 영원할 것이라는 착각을 하게 되면 리더는 더 쉽게 뇌물에 굴복하게 된다.

그렇다면 뇌물은 절대 받아서는 안 되는 것인가 하는 의문이 든다. 조직에 큰 피해를 주지 않는다면, 그리고 들키지만 않는다면 웬만한 뇌물은 원만한 인간관계를 이어주는 윤활유가 되지 않을까 하는 생각이 들 수도 있다. 하지만 답은 '결코 아니다'이다. 리더가 뇌물을 절대 받지 말아야 하는 다섯 가지 이유가 있다.

첫째, 뇌물 제공자는 반드시 기록을 남긴다. 뇌물은 전적으로 제공자의 비겁한 욕망을 채우기 위한 수단이다. 그래서 뇌물 제공자는 반드시 기록을 남겨 후일을 도모한다. 뇌물을 받은 사람이 약속을 어기거나 제공자가 예상했던 것과 다른 결과를 얻게 되었을 때 상대를 압박할 수 있는 유일한 증거가 기록이기 때문이다. 뇌물을 준 사람의 절박함은 철저한 기록으로 나타난다. 그들의 기록은 꼼꼼하고 구체적이며, 때때로 녹취가 더해지기도 한다. 물론 법적인 효력도 있다. 뇌물 제공자의 기록은 차용증과 동일하다. 뇌물의 위험성을 잘 알고 있고 뇌물을 자주 받는 사람이라면 꼬투리가 될 만한 증거를 남기지 않기 위해 신중하거나 최대한 뇌물의 대가에 맞추어 행동하겠지만, 그래도 뇌물 제공자의 꼼꼼함을 이기기는 어렵다. 이래서 본인이 잘나가는 인물이라는 생각에 도취된 사람이 뇌물을 받고도 약속을 지키지 않아 협박을 당하거나, 뇌물 수수 정황이 세상에 폭로되어 모든 걸 잃는 경우가 종종 발생하는 것이다.

리더의 길

둘째, 뇌물은 사소한 위장술로 접근한다. 뇌물은 처음부터 뇌물이라는 이름으로 다가오지 않는다. 처음에는 인간적인 친분을 내세우며 가벼운 호의인 양 다가온다. 그러다 점차 벗어나기 어려운 올가미가 되어 상대를 꼼짝 못하게 옭아맨다. 뇌물 제공자와 수여자 사이에 어느 정도 신뢰가 쌓이면 뇌물을 자연스럽게 주고받게 된다. 이때를 놓치지 않고 뇌물 제공자는 자신의 목적을 슬쩍 관철시키기 시작한다.

처음부터 뇌물을 덥석 물어버리는 어리석은 리더는 드물다. 그러나 아무리 똑똑한 리더라 할지라도 과분한 친절을 처음부터 거절하기는 어렵다. 뇌물 제공자의 유연한 유혹에 서서히 길들여지면, 뇌물의 대가를 요구하는 타이밍이 되었을 때 벗어나기 어려워진다. 게다가 뇌물 제공자는 노련한 고수일 확률이 높다. 받는 사람은 주는 뇌물을 먼저 보지만, 주는 사람은 받는 사람을 먼저 보기 때문이다.

셋째, 뇌물은 중독된다. 뇌물은 달콤한 유혹이다. 별다른 노력 없이 얻은 공짜 이득에 리더로서의 자만심이 만나면, 뇌물은 더욱 감칠맛 나는 약물로 변한다. 처음에는 예상외로 얻은 이득을 경계할 수 있을지 몰라도 이 또한 익숙해지면 길들여지고 결국 중독되고 만다. 그렇게 한번 뇌물에 중독되면 벗어나지 못하는 경우가 허다하다. 뇌물을 받은 사람은 마음속으로는 불안하겠지만 들킬 확률보다 들키지 않을 확률이 더 크다고 믿게 된다. 더욱이 뇌물은 은밀하고 비공개적으로 이루어지기 때문에 누구와 의논하거나 자문을 받기 곤란하다. 오로지 리더 본인의 개인적인 판단만으로 결정해야 해서 뇌물에 대한 몫도 본인 것이고, 책임도 본인이 져야 한다. 그래서 뇌물을 받을 것인지에 대한 판단의 과정이 아예 생략되기도 하고 뇌물의 중독에서 쉽게 빠져나올 수 없는 것이다. 결국 발각이 된 후에나 이 중독 증세는 끝이 난다. 물론 뇌물을 받은 리더의 사회적 운명도 거기서 끝이다.

넷째, 리더의 판단력이 파괴된다. 뇌물은 제공자가 정상적으로는 얻기 힘든 결과를 얻기 위해 비겁하게 시도하는 일이므로, 당연히 사유화된 욕구를 포함하고 있다. 이러한 개인의 이익과 편의를 먼저 고려하다 보면 리더의 공정성은 방해받을 수밖에 없다. 그래서 뇌물을 받는 순간 리더는 판단력을 가장 먼저 상실하고 끝없는 혼란에 빠지게 된다. 잘못된 판단은 잘못된 판단을 정당화하기 위한 또 다른 판단 오류와 위험을 불러온다. 뇌물의 무서움은 바로 여기에 있다.

리더의 판단력이 파괴되어 공정하지 못한 의사결정이 이루어지면, 이와 관련된 여러 사람들이 곤경에 빠진다. 리더 또한 그 곤경에서 자유로울 수 없다. 옳지 못한 결과의 대가는 리더가 고스란히 짊어져야 한다. 결국 작은 뇌물을 탐하다 큰 신임을 잃는 소탐대실의 결과를 낳게 되는 것이다.

다섯째, 뇌물은 의리가 없다. 뇌물은 원초적으로 순수하지 못한 목적에서 출발한다. 정상적인 신뢰와 약속이 지켜질 리 없다. 한마디로 의리가 없다. 뇌물 거래가 밝혀져 위기에 처하면 뇌물 제공자는 당연히 준비해둔 기록을 빌미로 자신을 방어하며, 뇌물 수여자를 협박하거나 공범으로 끌어들인다. 너무나 당연한 절차고 예상된 결과다. 서로가 아쉽고 좋을 때는 아름다웠던 관계도 위협을 받게 되면 철저히 배신하며 끊어진다. 뇌물의 위장술은 그만큼 가볍고 잔인하다.

그렇다면 이제 리더가 뇌물의 유혹에서 벗어날 수 있는 방법을 생각해보자. 피나는 노력으로 리더의 자리에까지 오른 사람을 한순간에 초라한 신세로 전락하게 만드는 뇌물을 어떻게 경계할 수 있을까? 필자가 생각한 방법은 세 가지다.

첫째, 리더십의 기본을 지킨다. 리더도 사람인지라 명심해야 할 리더십 원칙을 두지 않는다면 언제든지 뇌물의 유혹에 감염될 수 있다. 즉, 뇌물이 본인을 뇌사시킨다는 굳은 믿음을 가져야 한다.

둘째, 조직과 타인에게 미치는 부정적인 파장 효과를 염두에 둔다. 뇌물과 같은 부당 거래가 밝혀질 경우 본인뿐 아니라 주변인들까지 유사한 고통을 겪어야 한다. 소중한 지인들이 당할지 모를 억울함을 먼저 고려하고 예측하라.

셋째, 한번 밝혀진 부도덕성은 회복하기 어렵다는 점을 명심한다. 사람에 대한 판단은 좋아지기는 어려워도 나빠지는 것은 한순간이다.

회복할 수 있는 능력을 보유하는 것보다 회복해야 할 일을 만들지 않는 것이 더 바람직하다.

　　넷째, 뇌물을 받은 부도덕한 인물이라는 기록은 '주홍글씨'처럼 평생 따라다니면서 리더의 삶을 망가뜨린다는 점을 기억한다. 들키지 않을 경우의 수보다는 들켰을 때 겪어야 하는 고통의 수가 더 많다는 점을 늘 기억해야 한다. 인생은 생각보다 길다. 남은 인생의 시간을 후회와 원망으로 보낼 수는 없지 않을까? 리더가 되기 위해 노력한 만큼 존경받는 리더로 기억되기 위한 노력도 힘겨운 것이다.

4

나쁜 리더보다 나쁜
'나빠진 리더'

상황이 나빠지면 리더십이 변질되어
리더 자신도 나빠질 수 있음을 경계해야 한다.

지금 우리 사회는 리더십의 종말을 보는 듯하다. 조직을 올바르게 이끌어야 하는 리더가 오히려 조직의 근심거리가 되고 있다. 물론 변함없이 자신의 사명을 다하는 리더도 많다. 그러나 고래싸움에 새우 등 터진다는 말처럼, 리더들의 양심 없는 싸움에 엄한 사람들의 등이 터지는 일이 비일비재하다. 꼭 자식들의 불안과 슬픔은 아랑곳하지 않고 밤새 부부 싸움을 하는 고약한 부모를 보는 것 같다.

정치인들의 상황을 보면 한숨부터 나온다. 그들의 리더십은 누가 내 편인지가 중요한 게 아니라 누구를 위해 헌신해야 하는지가 더 먼저 고려되어야 한다. 그러나 정치인들이 모이는 곳에 이 점은 항상 빠져 있다. 연일 보도되는 뉴스를 보면, 정치인들은 자기편이 아닌 사람에게 막무가내로 반대하고 적대감을 거침없이 쏟아내는 데 열을 올릴 뿐이다. 그러한 정치인들의 불량한 리더십은 국민을 불안하고 불행하게 만든다.

과연 정치인들의 리더십만 그럴까? 기업에서도 오너 리스크Owner Risk가 심각하다. 일부 기업의 리더들 중에는 직원들이 죽어라 일해서 번 돈으로 비자금과 같은 사적 재산을 조성하는 데만 급급하고, 그러다 자금이 부족하면 빚을 냈다가 갚기 힘들어지면 직원부터 줄이는 이들이 있다. 또 어떤 오너는 자신의 지분을 아무 생각 없이 전부 팔고 직원들을 버려둔 채 떠났다. 갑자기 버려진 직원들은 하소연 한번 못 하고 땀 흘려 일해온 조직을 말없이 떠나야 했다. 이런 리더는 힘없는 자식을 거리로 내모는 나쁜 부모와 같다.

미국 스탠퍼드 공과대학 경영과학 로버트 서튼Robert I. Sutton 교수는 2,500개 기업 10만 명을 대상으로 리더십에 대한 설문조사를 실시한 후, 그 결과를 저서 《좋은 상사 나쁜 상사Good Boss Bad Boss》에 발표했다. 책의 골자는 직원들이 조직을 떠나는 이유가 조직이 싫어서 떠나는 것이 아니라 리더가 싫어서라는 것이다. 본래 리더의 존재 이유는 조직의 목적을 효과적으로 달성하기 위해 직원을 동기 부여시키고 성장시켜 올바른 방향으로 이끄는 데 있다. 그래서 리더는 실력과 리더십을 반드시 갖추어야 한다. 리더의 실력과 리더십은 조직의 성패를 결정하는 중요한 요인이기 때문이다. 만약 리더가 조직이 부여해준 권한과 책임 가운데 권한에만 집중한다면, 가장 먼저 직원들에게 피해를 준다. 또한 조직의 성공은 멀어지고 조직의 가치는 변질된다. 꼴 보기 싫은 리더를 견디지 못하는 것은 나약함이 아니라 용기로 해석된다. 결국 나쁜 리더가 직원과 조직도 나쁘게 만드는 것이다.

그렇다면 나쁜 리더는 어떻게 정의할 수 있을까? 답은 간단하다. 목숨을 걸고라도 지켰어야 할 대상을 의도적으로 지키지 않는 리더다. 정치 리더들이 국민을 지키지 않고, 리더가 자신의 사람들을 지키지 않는 것이 그것이다. 그리고 이러한 나쁜 리더는 반드시 나쁜 후

유증을 남기고, 그 후유증은 직원에게 깊은 상처를 오랫동안 남긴다.

나쁜 리더들이 공통적으로 가지고 있는 문제점이 있다. 자신의 잘못과 책임에 대한 반성이 없다는 것이다. 나쁜 리더는 근본적으로 비겁하고 탐욕스럽다. 자신의 탐욕에 정신을 차리지 못한다. 죄는 리더가 저지르고 대가는 직원이 치르는 형국이 바로 나쁜 리더의 나쁜 리더십이다.

그런데 사실, '나쁜 리더'보다 더 나쁜 리더가 있다. 바로 '**나빠진 리더**'다. 초심初心을 상실하고 변질된 리더십은 직원을 더욱 혼란스럽게 만든다. 원래부터 나쁜 리더십만 펼친 리더는 직원들이 항상 경계하다 보니, 잘못된 상황이 오지 않도록 미리 주의할 수 있다. 하지만 나빠진 리더는 직원들이 이러한 경계심이 없을 때 마주하게 되어, 더 실망을 느끼고 돌이킬 수 없는 배신감에 빠지게 만든다. 조직이 부여한 권한으로 잘해보겠다고 약속했던 리더가 사익에 눈이 멀어 서서히 타락하면, 그 나빠지는 과정에 직원들도 익숙해지고 길들여진다. 나빠진 리더십에 오염되는 것이다. 더욱 안타까운 사실은, 나빠진 리더는 한번 변질되고 나면 절대로 회복할 수 없다는 점이다.

나쁜 리더는 애초에 리더로서 선택하지 말아야 하고, 나빠진 리더는 변질되지 않도록 점검을 해야 한다. 이것이 진정한 고급 시스템이다. 고급 시스템이 작동되면 시스템의 통제력으로 나쁜 리더가 선택받을 확률이 낮아지고 나빠지는 리더 또한 줄어든다. 반면에 고급 시스템이 없거나 작동되지 않는다면 나쁜 리더는 그를 사적 이득

리더의 길

을 얻는 수단으로 이용하려는 자들의 허수아비가 될 뿐이다. 이런 상황에선 시스템이 원칙이 아니라 변칙이 반복되는 혼란과 비정상적 상황을 양산하는 매개체가 된다.

그래서 리더는 아무나 하면 안 되는 것이다. 나빠질 가능성이 있는 인물이라면 절대로 리더가 되어서는 안 된다. 나빠진 리더의 출현은 너무나 많은 사람들의 희생을 야기한다. 리더 본인도 감당 못할 불행을 그저 무책임하게 외면하는 것밖엔 할 수 있는 게 없다. 리더가 나빠지면 판단력부터 상실하기 때문이다.

좋은 나라와 나쁜 나라의 차이는 분명하다. 좋은 나라는 국민이 먼저이고 나쁜 나라는 권력자가 먼저다. 좋은 기업과 나쁜 기업도 마찬가지다. 좋은 기업은 직원과 고객이 먼저이고 나쁜 기업은 주인과 주인 행세하는 사람이 먼저다. 결국 리더가 좋으면 모두가 좋아진다. 리더가 나쁘면 모두가 나빠진다. 따라서 지난 일들에 대한 점검과 반성도 필요하지만, 앞으로 나쁜 리더가 될 자질이 있는 자가 리더가 되지 않도록 하고, 평범했던 리더가 나쁜 리더로 변질되지 않도록 하는 고급 시스템을 모든 조직에 정착시키는 것이 더욱 중요하다.

5

순식간에 전염되는
'나쁜 리더십'

직원은 자신의 리더를 관찰하고 학습하며 모방한다.
그렇기에 리더의 솔선수범이 중요하다.

인생을 살면서 누구를 만나느냐는 중요한 사건이다. 만나는 사람을 통해 얻는 것도 있지만 잃는 것도 많기 때문이다. 다행히 도움이 되는 사람을 만나면 배울 것이 많다. 그러나 반대의 경우엔 피해받는 일이 더 많다.

조직에서도 마찬가지다. 조직 생활을 하다 보면 많은 리더와 직원을 만난다. 어떤 리더와 직원을 만나는가에 따라 조직 생활의 품위가 매우 달라진다. 특히 리더와의 만남은 결정적이다. 직원을 통제하는 것보다 리더를 통제하는 것이 훨씬 어렵기 때문이다.

게다가 나쁜 리더가 펼치는 나쁜 리더십은 전염성도 강하고 그 속도 또한 빠르다. 왜 나쁜 리더십은 좋은 리더십보다 더 빠르게 전염되는 걸까?

첫 번째 이유, '학습과 모방'. 조직에서 보내는 시간이 많은 만큼 리더와 대면할 시간도 많다. 가까이에서 자주 만나니 리더의 일거수일투족을 관찰하게 된다. 관찰은 은연중에 관찰자에게 영향을 준다. 리더를 반복해서 관찰하다 보면 그 모습에 익숙해지고 어느새 닮게 된다. 학습된다는 의미다. 학습은 인간에게 가장 위대한 능력인 동시에 불행한 능력이기도 하다. 원치 않는데도 자연히 이루어지는 학습도 있기 때문이다. 특히 나쁜 리더십과 같은 부정적 정서는 학습되는 강도가 더 강하다는 연구 결과도 있다.

문제는 학습된 나쁜 리더십이 학습자도 모르게 저절로 유사한 형태로 현실화되는 것이다. 모방 행위이다. 물론 개인차는 분명 존재한다. 그러나 본인의 의지가 약하거나 자기 통제력이 부족하다면 대부분 학습된 나쁜 리더십은 모방 행위로 귀결된다. 이렇게 나쁜 리더십은 나쁜 리더가 강요하지 않는다 할지라도 자연스럽게 학습되고 모방된다는 점에서 파급 효과가 크다고 할 수 있다.

두 번째 이유, '사회부과적 완벽주의'. 사회부과적 완벽주의란 완벽주의 이론 중 한 개념으로, 조직이나 리더로부터 부과된 기대감에 부응하기 위해 완벽성을 추구하는 태도를 의미한다. 사회부과적 완벽주의에 사로잡힌 직원은 조직이나 리더의 강요가 직접적이지 않더라도, 스스로 조직과 리더가 원하는 바를 완벽하게 수행하기 위해 자신을 혹사해가며 맹목적으로 따른다. 특히 리더가 원하는 것을 실행하는 데 그 과정의 옳고 그름을 따지기보단, 리더를 만족시키느냐 아니냐 하는 결과만을 염두에 둔다. 설사 나쁜 리더에 의해 결정된 일이라 해도 거부하거나 저항하지 못하고 기꺼이 나쁜 리더십을 추종한다.

리더가 부당한 일에 동참할 것을 강요할 때 이를 거부할 수 있는 사람이 얼마나 될까? 자신보다 강한 힘을 지닌 존재의 의지를 초월하지 못하고 시키는 대로 따르는, 이른바 '동조화 효과'가 조직에서 흔한 건 이 때문이다.

세 번째 이유, '이기적 욕구'. 나쁜 리더의 전형적인 태도 가운데 하나는 조직이 아니라 자신을 위해 직원들의 충성을 강요한다는 점이다. 외형적으로는 조직을 위한 일이라고 설명하지만 실상은 자신의 이기적인 목적을 위해 위장된 소신을 피력하는 것이다. 그러다 정작 문제가 생기면 책임을 회피하여 선량한 직원들만 피해를 입게 한다. 나쁜 리더는 절대 개인적인 손해를 감수하려 하지 않는다. 직원을 희생시키는 한이 있더라도 자신의 이익을 포기하지 않는다. 그래서 못된 리더가 더 오래 생존한다는 냉소적인 말이 있는 것이다.

이러한 나쁜 리더의 이기적 생존 법칙을 관찰하고 경험한 직원이 선택할 수 있는 일은 이를 따라 하는 것뿐이다. 직원은 생존의 법칙에 대한 편견을 정법인 양 오인하고 전염된 생존의 법칙을 반복한다. 나아가 이 불행한 신념은 나쁜 리더십으로 강화되고 또 다른 나쁜 리더십으로 전염된다.

네 번째 이유, '학습된 무력감'. 사람이 살아 있음을 느끼는 때는 언제일까? 아마도 자신의 의지를 자유롭고 용감하게 표현할 수 있을 때일 것이다. 만약 자유롭지 못하거나 아무런 의미 표현을 할 수 없는 무기력한 상태에 있다면, 누가 어떤 짓을 해도 저항하거나 극복하지 못한다. 이를 '학습된 무력감'이라고 한다.

영혼이 없는 조직 생활을 하면서 그때그때 닥친 일을 겨우 쳐내며 인생을 낭비하는 학습된 무력감은 나쁜 리더들이 가장 좋아하는 상황이다. 판단도 없고 저항도 없는 직원을 다루는 데 별도의 힘과 시간이 소요되지 않기 때문이다. 무기력에 빠진 직원에게 남은 것은 좋게 표현하면 '무감각한 흡수력'이고, 나쁘게 표현하면 '판단 없는 추종'이다. 이런 직원은 본인의 의지와는 상관없이 나쁜 리더십에 더욱 쉽게 노출되며, 더 빨리 전염된다. 그리고 감정 절제를 잘 못 하고 공격성을 표출할 가능성이 크다. 무식한 사람이 용감할 때 관찰되는 현상과 유사하다.

　나쁜 리더십 전염에 관련된 몇 사례를 떠올려보면 섬뜩한 생각이 머리를 스친다. 한번 나쁜 리더십에 전염된 직원이 좋아지는 사례가 극히 드물었던 것이다. 그렇다면 나쁜 리더십이 전염되지 않도록 예방하거나 완화시키는 방법은 무엇일까? 있기는 한 것일까? 예방법이 없지는 않지만, 나쁜 리더십을 조성하는 많은 변수가 복잡하게 연계되어 있다는 점에서 명확한 결론을 내기는 어렵다. 그럼에도 불구하고 나름의 몇 가지 대안을 제시한다.

　첫째, 육성보다 선발을 중요시하라. 사람을 키우는 것은 매우 중요한 일이나, 그보다는 좋은 리더를 선발하는 것이 육성보다 더 중요하다. 능력은 있지만 나쁜 리더십을 가진 사람을 개선하기란 너무 많은 비용과 시간이 든다. 따라서 사람을 잘 뽑는 것이 먼저다.

둘째, 조직 상황 관리를 철저히 하라. 처음부터 나쁜 리더도 있겠지만, 조직 상황이 악화되거나 리더 본인의 생존이 위협받는 상황에서 순식간에 나빠지는 리더도 많다. 과도한 실적 부담과 지나친 경쟁은 나쁜 리더십의 출현과 전염을 키운다. 따라서 불가피한 상황이라 할지라도 긍정적인 조직문화와 균형감 있는 제도적 공정성을 유지하고 점검하는 것이 무엇보다 중요하다. 합리적인 조직 환경을 만들고 실현하는 일은 리더의 몫이다.

셋째, 직원들의 불만 창구는 필수다. 조직 생활에서 쌓인 분노와 불만을 해소하지 못한 직원들은 전염된 나쁜 리더십을 비정상적인 방법으로 분출한다. 폭력적이고 거칠게 표현하거나, 반대로 모든 것을 내려놓고 침묵만 하는 것이다. 스트레스는 조직이 주고 스트레스 해소는 본인이 알아서 하라는 것은 무책임한 일이다. 직원이 스트레스를 받으면 그 피해는 궁극적으로 조직 전체에게 돌아간다. 따라서 직원들이 불만을 조직에 전달할 수 있는 창구가 활성화되어야 하며 조직 차원에서 관심과 노력이 필요하다.

결국 나쁜 리더십은 스펙만 보고 나쁜 리더를 구분해내지 못한 인사 관행과 점검 시스템의 결핍, 나쁜 리더가 승리하고 생존하는 잘못된 조직문화, 직원의 심리적 욕구를 외면한 무분별한 성과주의 등이 확산시키는 것이다. 그러므로 경영자의 의지와 리더의 자각, 직원들의 발전적인 성찰의 기회를 조직 내에 꼭 정착시켜야 한다.

6

조직을 망치는 리더의
'잘못된 소신'

성공 경험이 많은 리더는 성공을 반복하려는
욕구에 집착하는 '성공의 저주'에 빠지기 쉽다.

리더에게 '소신所信'이란 어떤 의미일까? 소신의 사전적 정의는 '굳게 믿거나 생각하는 바'이다. 어떠한 장애물이 있을지라도 자신의 생각을 끝까지 굽히지 않는 의연한 자세라고 볼 수 있다. 중요한 의사결정을 해야 하는 리더에게 소신은 그 무엇보다 중요하다. 그러나 불확실성이 증대되는 사회 상황에 따라 요즘 리더들은 실패에 대한 두려움으로 매사 자신이 없다. 이러한 염려가 리더에게 소신보다 소심小心을 갖게 한다.

그렇다고 소신만 있다 하여 리더십이 안전한 것은 아니다. 소신의 유무보다 중요한 건 옳고 그름의 유무다. 모든 리더는 나름의 소신을 가지고 그 소신에 따라 판단하고 행동한다. 그런데 만약 리더가 굳게 믿고 있는 그 소신이 잘못된 것이라면, 이는 소신이 없는 것만 못하지 않을까?

리더의 잘못된 소신은 경쟁자보다 더 위험하다. 따라서 리더는 자신의 소신이 잘못되었는지를 늘 경계해야 하고, 이를 어떻게 개선할 것인지 고민해야 한다. 이를 위해 리더의 잘못된 소신의 네 가지 유형을 알아보자.

첫 번째 유형, '실력 없는 소신'. 리더는 조직의 성공을 위해 많은 일을 해야 한다. 조직 환경의 변화에도 민감해야 하고, 급변하는 정세를 정확히 해석도 해야 한다. 리더의 해석은 의사결정으로 이어지고 그 의사결정에 따라 조직과 직원이 움직이기 때문이다. 그래서 리더의 실력이 곧 조직의 실력이 되고, 조직의 성과로도 이어진다. 열심히 하는 리더보다 잘하는 리더가 더 중요한 이유다.

그런데 만약 실력 없는 리더가 조직을 장악하고 있다면 어떻게 될까? 준비가 덜 된 상태에서 상황을 잘못 해석하여 잘못된 의사결정을 고집하다가 조직의 자원과 직원을 희생시키는 것은 물론이고 조직 자체를 곤경에 빠뜨릴 것이다. 더욱이 리더가 과거의 성공 경험만을 과신하거나 충분한 지식과 정보를 준비하지 않은 상태에서 고집만 부리면 혼란은 불가피해진다.

리더는 '고집'과 '소신'을 구분할 수 있어야 하며 '고집'을 굽히기 싫다면 '고뇌'라도 해야 한다. 누구의 말도 듣지 않고 어떠한 정보와 지식도 없는, 말 그대로 실력 없이 소신만 있는 리더에게는 아무것도 기대하기 어렵다. 실력 없는 소신의 끝은 좌절이다. 또한 그 좌절의 원인을 리더가 본인이 아닌 타인의 탓으로 돌리기까지 한다면 모든 것이 끝난다.

따라서 리더는 늘 학습하려는 겸허한 자세를 지니고, 자기 실력에 대한 꼼꼼한 검증과 반성, 그리고 지속적인 자기계발을 해나가야 한다. 모든 환경과 지식이 급속도로 변하고 있는 현 시대의 리더에게는 자신에게 필요한 미래의 실력이 무엇인가를 예측하고 준비하는 것이 가장 중요한 과제다.

두 번째 유형, '감성 없는 소신'. 조직의 성과를 보장해주는 버팀목은 자금과 고객이다. 그렇다면 리더에게 가장 든든한 버팀목은 무엇일까? 리더에게도 자금과 고객이 성과를 보장해주는 중요한 요인이다. 그러나 리더에게 궁극적으로 힘이 되는 건 직원들의 헌신과 몰입을 이끄는 능력이다. 직원 한 사람 한 사람의 헌신과 몰입 없이는 고객도 없고, 자금도 모이지 않는다.

그래서 리더는 직원들이 기꺼이 조직에 헌신하고 몰입할 수 있도록 그들의 감성적 의지를 이해하고 저항 관리에 늘 신경 써야 한다. 단순히 금전적 보상만을 당근으로 보여주며 밑도 끝도 없이 질책해서는 직원들의 헌신을 이끌어낼 수 없다. 보상만으로 직원들을 이끌던 시절은 이미 끝난 지 오래이다. 이제 직원들은 조직의 가치보다 자신의 인생에 대한 가치를 더 먼저 생각한다. 조직이란 언젠가 떠나야 할 곳이란 사실도 잘 알고 있다. 즉, 직원의 인생에서 조직이 차지하는 비중이 과거와 달리 현저히 줄어들었다는 의미다. 요즘 직원들은 어차피 '금수저'를 물고 태어나지 않은 이상 부자로 살 수는 없더라도, 굳이 모멸감을 견뎌가며 살아갈 필요는 없다는 의식이 강하다.

이런 상황에 리더가 직원의 감성은 모른 체하고 조직의 목적만을 밀어붙인다면 직원들이 일에 몰입할 수 있을까? 아니다. 더 할 수 있는 역할도 하지 않거나 당연히 해야 할 일마저 소홀하게 된다. 공짜로 일을 시키는 것도 아닌데 직원들이 이렇게 대충 일한다면, 손해는 결국 조직과 리더에게 돌아온다. 그래서 리더는 직원의 감성을 잘 파악해야 한다. 직원의 감성은 고려하지 않고 자기 소신만 밀어붙이는 리더는 가장 먼저 직원을 잃고, 그다음에는 돈과 고객을 잃으며, 결국에는 돌이킬 수 없는 실패만 고스란히 감당해야 한다.

물론 직원들의 감성을 달래는 일은 고객의 마음을 달래는 일만큼이나 어렵다. 감성과 관련된 문제는 돈처럼 어디서 빌려올 수도 없고 고객처럼 금방 이득을 준다고 해서 회복할 수 있는 것도 아니기 때문이다. 게다가 직원들은 기다려주지 않는다. 한번 감성적 교감에 실패하면 회복하기 어렵다. 평소 가족에게 무심했던 가장이 조직을 떠나 여유가 생긴 후에 갑자기 가족에게 친한 척하면 외면받는 것과 마찬가지다. 그래서 리더는 직원들의 아픔과 불편을 포함한 감성적 저항을 방치하지 않아야 하고 늘 잘 살펴야 한다. 그래야만 리더의 소신도 빛을 발한다. 소탐대실의 뿌리는 리더의 감성 없는 소신에서 비롯된다는 것을 잊지 말자.

세 번째 유형, '용기 없는 소신'. 세상에 똑똑하고 착한 리더는 많다. 그들은 눈에 보이는 성과를 창출하고 똑 부러지게 판단도 잘한다. 착하기까지 해서 직원들 직원들에게 훌륭한 방향을 제시하고 격려를 아끼지 않아 존경의 대상이 되기도 한다. 그런데 만약 똑똑하고 착하긴 한데 그게 너무 심하여 마음이 너무 약하고 우유부단한 면까지 있는 리더라면 어떤 문제가 생길까? 직원들이 기껏 고생해서 일구어놓은 일을 그저 남 좋은 일로 만들게 된다. 눈앞의 기회를 잃는 것이다.

마음 약한 리더의 가장 큰 약점은 용기 부족이다. 리더가 용기가 없으면 직원들에게 억울함과 체념을 안겨주기 십상이다. 똑똑한 리더가 바보가 되는 경우가 생기는 이유도 용기 없는 소신 때문이다. 용기가 없으면 실행이 어렵다. 실행이 어려워지면 기회는 사라지고 성과도 사라지며, 이렇게 놓친 기회는 다시 돌아오지 않는다. 결국 잦은 기회 상실로 상처받은 직원들은 조직을 떠난다.

물론 신중함은 리더의 중요한 덕목이다. 하지만 지나치게 신중하여 실행에 나서지 않으면 조직은 순발력 있게 업무를 해나갈 수 없다. 창고에 쌀을 가득 두고도 굶어 죽는 형국인 것이다. 이러한 리더를 바라보는 직원들은 얼마나 불안하고 답답하겠는가? 직원을 굶기는 리더는 환영받지 못한다.

용기 있는 소신은 일종의 책임감이다. 리더는 책임감을 목숨보다 더 귀한 명예로 삼아야 한다. 리더 혼자 모든 것을 판단하기 어렵거나 지나친 염려로 용기가 나지 않는다면, 다양한 의견을 구하고 실행을 도와줄 멘토단을 구성하거나 별도의 시스템을 만들어야 한다. 많은 의견과 주장을 듣고 실행의 시점과 방법에 대한 지혜를 모으면 곧 용기가 생기고 실행할 수 있는 환경이 조성될 것이다.

네 번째 유형, '양심 없는 소신'. 조직의 성과를 핑계로 기본과 원칙을 소홀히 하는 리더, 직원의 희생과 잘못을 강요하는 양심 없는 리더를 이제 우리 사회는 더 이상 용납하지 않는다. 조직과 직원의 고통을 두려워하지 않는 리더의 비양심적 소신이 무슨 의미가 있겠는가? 살아남기 위해 선택한 소신이라지만 결국 스스로를 죽이는 소신이다.

직원은 항상 리더를 바라보며 산다. 그렇기 때문에 리더가 양심 없는 소신을 밀어붙이면, 처음엔 저항하던 직원들도 어느 순간부터 비양심 소신을 학습하고 모방하게 된다. 게다가 양심 없는 소신은 쉽게 변하지 않고 하나의 습관이 될 가능성이 크다. 결국에는 직원 모두가 불행한 결과의 공범이 되고 마는 것이다.

양심적인 소신을 유지해야 하는 이유는 질서를 위해서다. 양심 없는 소신은 모두를 혼란에 빠뜨리며 많은 피해자를 양산한다. 그러나 양심 있는 소신은 조직에 질서를 세워 과정에 대한 예측을 가능하게 해주고, 결과에 대한 가치도 보장해준다. 리더는 양심 없는 소신이 반성 없는 탐욕을 키우며 반드시 무서운 대가를 가져온다는 걸 기억해야 한다.

최근 누군가 '곡학아세曲學阿世'라는 말로, 잘못된 소신으로 구설수에 오른 사회 지도층을 꼬집은 기사를 썼다. 곡학아세란 '바르지 못한 학문으로 세속의 인기에 영합하려 애씀'이라는 뜻이다. 재능을 잘못된 곳에 쓰지 않도록 올바른 소신을 지키는 것이 진정한 리더의 기본적인 마음가짐이 아닌가 생각해본다.

7

리더의 눈을 가리는 '독선'

리더가 권력을 사유화하면 독선에 빠지게 되고,
독선에 빠지면 고립된다.

요즘처럼 리더십이 위협받는 시대도 없다. 기업을 비롯한 사회 곳곳에서 누구를 믿고 따라야 하는지를 심각하게 걱정할 정도로, 리더십 부재에 대한 우려의 목소리가 크다. 리더십은 리더 본인의 믿음이 아니라 직원들의 믿음에서 나온다. 만약 리더가 직원들의 존경과 믿음을 상실한다면 그의 리더십은 곧 독선이 된다.

독선은 선천적 특성일 수도 있고 상황이 만들어낸 후천적 특성일 수도 있다. 그러나 분명한 사실은 리더의 독선은 늘 불행한 결과를 가져온다는 점이다. 독선의 출발은 달콤하고 중독성이 아주 강하다. 모두 자신의 영향력 아래에 있다는 지배욕을 충족시켜주기 때문이다. 그래서 독선의 끝은 지배욕을 잃지 않으려는 탐욕의 함정에 빠지는 것이다. 탐욕의 함정에 빠진 리더는 모두의 복종을 강요하여, 종국에는 리더 주변에 건강한 반대자는 사라지고 맹목적으로 추종하는 기회주의자들만 가득하게 된다.

한편 리더의 독선이 초래하는 또 다른 문제점은 리더가 조직을 위해 자신이 만들었던 원칙도 제멋대로 바꾸거나 갑자기 어이없는 방향으로 틀어버리는 깜짝 쇼를 자행하게 한다는 점이다. 리더의 변칙이 반복되면 직원들은 불안해지고 업무에 몰입하지 못하게 된다. 언제 또다시 변화가 있을지 모르기 때문이다. 어차피 바뀔 거라면 모든 일을 완벽히 할 생각이 들지 않는다. 결국 조직 내에 열심히 하면 손해를 볼지도 모른다는 생각이 일반화되어 조직 전체가 혼란스러워진다.

그렇다면 리더가 독선을 경계해야 하는 이유와 해법은 무엇일까? 리더가 독선을 경계해야 하는 여러 가지 이유 가운데 가장 큰 이유는 바로 **조직 내부의 가려진 저항에 대한 불감증이 증대한다**는 점이다. 리더의 독선이 심해지면 민심民心은 수면 아래로 가라앉고 검증되지 않은 소문만 무성해진다. 불안하고 상처받은 민심은 조직과 리더에 대한 오해와 불신을 키우며, 직원들의 부적절하고 부도덕한 행위에 정당성을 제공한다. 겉으로 드러난 모습은 조용하지만 그 밑에 저항이 도사리고 있는 것이다. 이쯤 되면 리더의 리더십이 제대로 통할 리 없다.

자신의 리더십이 먹히지 않는다고 판단되면 리더의 독선은 더욱 심해지기 마련이다. 심해진 독선만큼 직원들의 저항은 내성과 함께 더욱 정교해진다. 이 정도 상황이 되면 완벽한 '적과의 동침'이 된다. 직원이 동료가 아니라 적이 되는 꼴이다. 결국 모두가 손해를 보겠지만, 누구의 손해가 더 커질 것인가를 따지면 결과는 자명하다. 리더의 독선은 결국 리더가 그토록 지키고 싶어 했던 자신의 조직을 망가뜨리는 일등공신이 되고 만다. 독선은 실패하는 리더들이 가장 흔하게 범하는 일종의 '자해自害'에 가까운 착각인 것이다.

그렇다면 어떻게 해야 리더가 자신의 독선을 최소화할 수 있을까? 그 해법 가운데 하나는 리더가 '자신의 리더십을 점검받을 수 있는 시스템'을 만드는 것이다. 이 시스템으로는 두 가지가 있다.

첫째, 리더의 생각을 검증해줄 학습 시스템. 세상은 끊임없이 변하는 데 리더만 옛날의 성공 신화에 젖어 있으면 조직은 뒤처지고 만다. 최근 많은 리더들이 이른 아침부터 조찬 세미나 등에 부지런히 참석하는 이유도 이 때문이다. 새로운 정보와 지식을 학습하는 것은 물론이고, 엄청나게 늘어나는 정보와 지식을 감별하여 자신의 조직에 도움이 될 만한 자원으로 만들어가는 능력도 배우기 위해서다. 학습이 실행으로 이어지지 않는다면 알고도 써먹지 못하는 시간 낭비가 될 수 있기 때문이다.

그런데 리더 혼자 학습한 정보와 지식이 조직에 올바르고 친절하게 전달되지 않거나 충분히 공유되지 않는다면, 도리어 어설픈 지식이 조직 내부에 불편한 지시 사항만 늘어놓는 역효과를 초래할 수 있다. 따라서 학습은 리더 혼자 하는 것보다 평소 리더의 의사결정에 영향을 미칠 수 있는 내부 관계자들과 함께하는 것이 바람직하다. 그래야 리더가 배운 것을 보다 정교하고 정제된 모습으로 조직에 활용할 수 있다. 한 사람의 생각보다 여러 사람의 생각을 모아야 실패 확률이 그만큼 낮아진다.

내부자들끼리 학습하는 것에 더해 외부의 '멘토 집단'을 구축하는 것도 좋은 학습 방법이다. 단독 멘토가 아니라 신뢰할 만한 멘토 집단을 신중하게 찾아서 객관적인 의견을 자문받는 것이다. 이때 리더와 친밀하여 너무 편한 사이이거나 리더에게 무조건 동조해줄 만한 멘토만 찾는다면 또 다른 학습의 함정에 빠지게 된다. 보다 객관적인 입장에서 이성적인 충고를 줄 수 있는 멘토단을 구성해야 한다.

둘째, 리더십을 점검받을 수 있는 조직 내 집단 의사결정 시스템. 조직 내에는 다양한 계층의 수많은 직원들이 있다. 이들이 계급장을 떼고 함께 모여 진지한 토론을 할 수 있는 조직문화가 구축되어야 한다.

국내 H카드는 '포커스 미팅'이라는 회의를 실천 중이다. 최고경영자CEO가 회의에 직접 참여하는 것은 물론이고, 직급에 관계없이 참여자 누구나 의견을 제시하고 검증받을 수 있는 제도다. 포커스 미팅 때는 조직의 가려진 정보와 의견이 무차별적으로 공유된다. 수평적인 소통을 위해 누구나 넥타이 없이 참여하며, 당연히 별도의 상석上席도 없다. 조직원들은 편안한 마음으로 설정된 주제에 대해 솔직하게 의견을 제시하기만 하면 된다. 물론 뒤끝도 없다. 불필요한 통제나 강제 또한 존재하지 않는다. 때로는 불편한 의견과 비현실적인 의견도 공유되지만 적어도 최고경영자가 몰라서 잘못된 의사결정을 하는 경우는 최소화된다. 이 덕분에 카드업계 후발 주자로 출발한 H카드는 현재 업계 2위를 달리고 있으며, 지금도 지속적인 성장을 하고 있다.

또한 지난 2015년 구글과 애플을 누르고 미국 월간지 〈패스트 컴퍼니Fast Company〉가 선정한 '가장 혁신적인 기업' 1위에 오른 와비파커Warby Parker도 사내 온라인 소통망의 덕을 톡톡히 보았다. 와비파커는 인터넷에서 안경을 판매하는 혁신기업으로, 홈페이지에서 고객들이 마음에 드는 안경을 최대 다섯 종류까지 고르면 이를 집으로 배송해준다. 고객은 3~5일간 안경을 써본 뒤 가장 마음에 드는 안경을 고르고 자신의 시력과 눈 사이 거리를 홈페이지에 입력한다. 그러면 2주 뒤 맞춤 제작된 안경을 받을 수 있다. 가격은 기존 안경점에서 구입하는 안경의 5분의 1 정도다. 합리적 가격과 획기적인 판매 방식으로 와비파커는 최고의 혁신기업으로 거듭났다. 이러한 와비파커의 놀라운 혁신의 배경에는 '와블스Warbles'라고 하는 사내 온라인 소통망이 있었다. 각 직원들이 소비자와 경쟁 브랜드에 대해 조사한 내용을 온라인으로 주고받으며 가장 효과적인 의사결정을 해나간 것이다. 와비파커는 고객이 비싸다고 생각하는 가격, 선호하는 브랜드 이미지 등을 와블스로 모아 결정했고, 이는 성과로 나타났다.

이처럼 외부와 내부의 의견이 원활하게 수혈되는 조직을 만들어야 리더의 독선을 최소화할 수 있다. 물론 외부 멘토 집단을 만들고 내부에 집단 의사결정 기구를 만드는 일은 분명 번거롭고 어려운 일이 될 것이다. 그러나 이러한 준비를 게을리하면 리더의 독선을 막는 것은 더 어려워진다는 사실을 명심해야 한다.

많은 직원들은 리더를 믿고 따르고 싶어 한다. 그만큼 리더십은 리더 개인의 문제가 아니다. 리더십은 존경의 대상이고 막중한 책임이다. 리더의 말 한마디와 행동은 매우 민감하게 직원들에게 전달된다. 고객이 열광하는 훌륭한 기업은 훌륭한 직원이 만든다는 사실을 기억한다면, 훌륭한 직원을 만드는 것은 결국 훌륭한 리더의 올바른 리더십이라는 점 역시 기억해야 한다. 따라서 리더의 독선이 직원들의 불신을 불러온다는 점을 명심하도록 하자.

8

불량한 히스토리가 불러오는
'리더십 역풍'

과거에 통했던 위계적 패러다임으로 조직을 이끈다면,
오히려 리더가 역풍을 맞게 된다.

잘나가던 리더가 갑자기 무방비 상태로 위기에 몰리는 경우를 종종 본다. 대부분 역풍逆風, blowback을 맞았을 때다. 리더십 역풍이란, 잘하려는 리더의 의사결정이 본래 의도와 달리 리더에게 돌이킬 수 없는 치명적 결과로 되돌아오는 현상을 의미한다. 왜 이런 일이 벌어지는 걸까?

대개 잘나가는 리더는 앞만 보고 달리는 경우가 많다. 몸보다 머리가, 머리보다 가슴이 먼저 달리기 때문에 자신의 리더십을 냉정하게 점검할 시간과 여력이 부족해지기 쉽다. 점검이 부족하면 살아가는 길목마다 있을 법한 실수와 원망을 감지하기 어렵다. 이러한 실수와 원망이 역풍이 되어 리더의 발목을 잡는다. 역풍에는 출구가 없다.

리더십 역풍은 '불량한 히스토리'에서 비롯되는데 이에는 두 가지 유형이 있다. 첫째는 리더십을 발휘하는 과정에서 눈에 보이는 증거물로 남아 있는 '물증형 히스토리'이고, 둘째는 눈에 보이지는 않지만 타인의 가슴에 각인되어 있는 이미지나 앙금과 같은 '심증형 히스토리'다. 불량한 히스토리는 리더가 가장 늦게 인지하거나 리더만 모르는 경우가 허다하다. 그래서 리더십 역풍은 리더를 한순간 파멸로 이끄는 가장 공포스러운 존재다.

리더십 역풍을 예방할 수 있는 방법은 간단하다. 처음부터 불량한 히스토리를 만들지 않는 것이다. 그러나 리더도 사람인지라, 일을 하다 보면 본인의 의지와 상관없이 발생하는 모든 일들을 통제하기 어렵기 때문에 피치 못하게 불량한 히스토리들이 생길 수밖에 없다. 그래서 간혹 역풍을 맞은 몇몇 리더들은 자신의 불량한 히스토리의 흔적을 지우고자 꼼수를 부리는데, 그러다 오히려 더 큰 역풍을 맞기도 한다.

최근 각계각층에서 리더십 역풍이 발생할 가능성이 더욱 높아지고 있다. 사회가 불안해지고 조직의 불확실성이 커진 만큼 리더의 불안감도 커졌기 때문이다. 리더의 불안감은 경쟁에서 살아남기 위해 옳지 않다는 것을 알면서도 무리한 의사결정을 내리게 하고, 생존의 이름으로 부당한 행위를 뻔뻔스럽게 저지르게 한다. 아울러 결과에 지나치게 집착하게 하여 과정을 소홀히 하거나 경쟁자를 이기기 위해 극단적인 갈등과 알력을 표출하게 만들기도 한다. 불안한 리더는 직원에게도 배려와 책임은 다하지 않고, 거리낌 없이 분노를 표출하며 직원이 저항해도 압박을 가한다. 이런 현실에서 리더십 역풍은 어쩌면 리더라면 누구나 품고 있는 시한폭탄일 것이다.

그렇다면 리더십 역풍은 어떤 특징을 갖고 있을까?

첫째, 작은 불씨가 화근이 된다. 과거에는 별문제가 아니었던 일들이 현대 사회에서는 큰 문제로 돌변한다. 따라서 주변의 문제들을 먼저 세심하게 살펴보고 상황의 변화를 잘 체크해야 한다. 넋 놓고 있다가는 작은 불씨에 불과했던 문제가 순식간에 산불 번지듯 커져 버릴 것이다.

둘째, 회복이 불가능하다. 안타깝지만 리더십 역풍은 완벽하게 회복하기 어렵다. 그래도 조금이나마 대책을 세운다면, 가장 좋은 방법은 스스로 잘못을 인정하는 것이다. 잘못을 인정하면 반성으로 받아들여져 용서를 구할 수 있다. 불량한 히스토리에 대한 변명은 오히려 오해와 미움을 키우게 한다.

셋째, 본인만 몰랐을 수 있다. 가슴속에 감춰진 분노와 원망을 담고 있는 직원들은 리더의 불량한 히스토리에 대한 구체적인 증거를 확보하고 있을 공산이 크다. 리더만 모른 채 말이다. 그래서 리더십 역풍을 맞은 리더는 충격도 크고 회피할 수도 없다. 따라서 리더는 항상 자신의 의사결정이 조직과 타인에게 어떤 영향을 미치는지 긴장을 늦추지 않고 확인해야 한다.

넷째, 리더십 역풍에는 우정이 없다. 리더가 혼자 결정하고 실행한 일도 있겠지만, 보통 불량한 히스토리에는 동조자가 있기 마련이다. 앞서가는 리더를 기꺼이 응원하며 함께했던 이 동조자들은 상황이 바뀌면 대부분 모든 불량한 기록의 책임을 리더의 탓으로 돌린다. 그래서 리더는 외형상 의사결정을 혼자 하더라도 실제로는 조언을 정직하게 해줄 협력자를 곁에 두어야 한다.

리더십 역풍의 특징들을 조금만 살펴봐도 리더십 역풍은 리더에게 치명적임을 알 수 있다. 그렇다면 리더십 역풍을 피하거나 완화시키는 방법은 무엇일까? 바로 **객관적 시각에서 리더가 자신의 히스토리를 점검하는 것**이다. 역풍에는 반드시 원인을 품은 불량한 히스토리가 있다. 바쁘게 살아온 리더는 리더십 히스토리가 다양하고 복잡할 수밖에 없다. 하지만 그럴수록 조만간 닥쳐올지도 모르는 역풍의 단서들을 전체 히스토리에서 찾아내야 한다. 그리고 그것이 본인의 잘못일 수 있다고 스스로 인정해야 한다. 만약 그 순간에도 불량한 히스토리의 원인을 남 탓이나 상황 탓으로 돌린다면 본전도 못 찾게 된다. 역풍을 만나 졸지에 추락하는 리더들의 공통점이 바로 남 탓만 하다가 마지막 기회마저 잃는다는 것이다. 그래서 역풍을 맞은 리더의 추락에는 날개가 없다.

리더십 역풍을 완벽하게 피할 수는 없지만 예방할 수는 있다. 리더가 의사결정을 할 때 몇 가지 원칙만 명심하면 된다.

첫째, 핵심 가치에 기반을 둔 의사결정을 한다. 어느 조직이나 핵심 가치는 분명히 있다. 조직이 추구하는 가치가 무엇인지를 항상 명심해야 한다. 대부분 리더십 역풍은 리더가 원칙을 벗어난 의사결정을 할 때 발생한다. 그러나 조직의 핵심 가치에 근거해 의사결정을 하면 변칙적 의사결정으로 인한 위험을 최소화할 수 있어 리더십 역풍을 예방할 수 있다.

둘째, '10-10-10 법칙'을 실행한다. 유명한 경영학자인 수지 웰치 Suzy Welch는 리더가 의사결정을 할 때 '10-10-10 법칙'을 준수하라고 권한다. 이 법칙은 의사결정을 하기 전에 세 번 재고하는 것이다. 각각의 '10'은 결정을 한 지 10분 후에 후회하지 않을 것인가, 또 10개월 후와 10년 후에도 지금의 의사결정이 가져올 파장이나 문제가 없는지를 꼼꼼하게 고려했는가를 가리킨다. 유능한 리더들은 대부분 전문성과 경험, 그리고 나름의 확신을 갖고 의사결정을 한다. 또한 남보다 차별화되고 빠른 의사결정을 해야 큰 성과를 얻을 수 있다는 것을 잘 알고 있다. 그래서 성급해지기 쉽고, 그만큼 위험에 노출된다. 물론 많은 시간이 흐른 뒤에 평가될 문제를 현재의 시점에서 완벽하게 고려하기는 어렵겠지만 '미리 후회하면 덜 후회하게 된다'는 점에서 훗날 닥쳐올 역풍을 어느 정도 예방할 수 있다.

셋째, 독선을 방지하는 멘토를 곁에 둔다. 리더의 독단적 의사결정만큼 역풍의 강력한 예측 요인도 없다. 리더가 편견에 사로잡혀 주변의 충고를 무시하고 독단적인 의사결정을 내린다면 그 결과의 책임은 전적으로 리더의 몫이다. 물론 좋은 결과가 나오면 다행이지만, 행여 잘못된 결과로 귀결된다면 리더는 고스란히 역풍을 맞아야 한다. 리더의 의사결정은 충분한 정보와 신념의 조화라고 봐도 과언이 아니다. 만약 정보나 신념이 부족하다면 그 의사결정은 위험해질 수밖에 없다. 충분한 정보에 신념이 어우러지는 의사결정을 위해서는 리더를 도와줄 멘토가 필요하다. 전문가든 직원이든, 그들로부터 충분한 정보를 제공받아 이에 근거한 신념으로 의사결정을 한다면 리더십 역풍의 가능성을 줄일 수 있다.

넷째, 나만의 올바른 원칙을 수립한다. 리더들마다 의사결정을 하는 나름의 습관이 있다. 이를 달리 표현하면 '의사결정의 원칙'이 있다고 하겠다. 리더가 어떤 원칙을 기준으로 의사결정을 하느냐는 리더의 성격만큼이나 다양하고, 각자 굉장히 고착화되어 있다. 그래서 쉽사리 고치기 힘들다. 따라서 리더는 자신의 의사결정 원칙을 점검하고 수정할 수 있는 용기가 필요하다. 오랫동안 유지했던 의사결정 원칙을 수정하기란 힘든 일이지만, 수정하지 못한 원칙 때문에 역풍을 맞는다면 더 힘들어질 수 있음을 기억해야 한다.

이상으로, 리더십 역풍에 관해 살펴봤다. 처음부터 나쁜 의도를 갖고 리더십을 발휘하는 리더는 드물 것이다. 그러나 잘해보려고 했던 일들이 전적으로 리더의 책임으로 혹은 리더에 대한 원망으로 변질되어 역풍으로 닥쳐올 수 있다. 간혹 억울한 리더도 있을 테지만, 이 또한 리더의 몫이다. 이미 지난 일들이 불러온 역풍을 어떻게 막고, 어떻게 회복할 수 있겠는가? 따라서 리더들은 지난 세월의 불량한 히스토리를 점검하며 반성하고 인정하는 것과 함께, 리더십 역풍을 사전에 예방하기 위해 부단히 노력해야 한다.

2장

진정한 리더로 거듭나는 길

리더도 힘겹다. 권력이 영원치 않고 직원들은 달라졌지만, 리더의 역할은 줄지 않았다. 이런 상황에서 리더가 능력과 품위를 지키고 성숙한 리더의 모습을 갖출 수 있을까? 그리고 그걸 유지하는 방법은 어떤 게 있을까? 리더십의 딜레마를 깨고 진정한 리더로 거듭나고자 하는 이 시대의 리더들에게 '리더의 정도(正道)'를 논하고자 한다.

1

소유의 리더십보다
'존재의 리더십'을 펼쳐라

리더로서의 가치와 의미를 상실한 리더는
자신이 가장 먼저 망가진다.

불확실성이 높아지고 있는 현 시대에는 리더의 소통과 책임이 더욱 중요해졌다. 물론 리더십 연구에서 소통과 책임은 새삼스러운 주제는 아니다. 리더의 기본 자질을 논할 때 빠지지 않고 등장하는 개념이기 때문이다. 그렇다면 왜 소통과 책임의 리더십이 지금 각별히 주목받고 있는 걸까? 혹시 그동안 리더의 소통과 책임이 간과되어왔다는 반증은 아닐까?

최근 우리 사회에서는 소통을 거부하고 책임을 회피하는 리더에 대해 그 어느 때보다 큰 저항이 일고 있다. 이러한 상황에서 리더십을 바라보는 리더의 관점에 대한 논의를 하고자 한다. 과연 리더는 자신의 리더십을 어떠한 관점에서 바라봐야 할까? 이를 고민하다 보니 오래전에 읽었던 책 한 권이 떠오른다. 에리히 프롬Erich Fromm의 《소유냐 존재냐To have or To be》란 책이다. 저자는 '소유의 삶'을 지양하고 '존재의 삶'에 집중할 것을 주장한다. 소유에 대한 욕망과 집착은 오히려 많은 것을 잃게 만들기 때문에 존재의 가치를 선택하는 것이 더 중요하다는 것이다.

이와 같은 소유와 존재에 대한 관점을 리더십에도 적용해볼 수 있다. 많은 유능한 리더들이 자신의 역할과 책임 그리고 존재의 이유를 망각하고 사적인 탐욕에 빠져 불행한 결과를 초래한 사례는 이미 만연하다. 그렇다면 과연 리더에게 리더십이란 소유의 대상일까, 아니면 존재의 대상일까? '소유의 리더십'과 '존재의 리더십'은 공존할 수 없는 걸까?

출발은 화려했지만 끝이 불행했던 리더들의 공통된 문제점 중 하나가 자신의 권력을 이용하여 사적인 탐욕을 채우고자 했다는 것이다. 소유의 관점으로 리더십을 바라본 탓이다. 자신이 어떤 역할을 해야 하는 존재이고 어떤 가치를 창출하는 책임을 지녔는가를 망각한 채 사리사욕을 우선시하는 순간, 리더십은 오염되고 변질된다.

물론 누구나 조직에서 더 높은 직급과 권한, 더 많은 이득을 얻고자 갈망한다. 이러한 유혹은 누구에게나 매력적이며 그 누구도 이 유혹에서 완벽하게 자유로울 수 없다. 그러나 개인적 탐욕의 대가는 영원하지 않다. 또한 약물에 중독된 사람처럼 한번 유혹에 빠져들면 더 이상 절제하기 어렵다. 그 결과는 리더의 존재 가치가 훼손되는 일뿐이다.

어째서 그토록 유능한 리더가 자신의 존재 가치를 상실하게 하는 소유의 리더십을 선택하는 걸까? 그 이유는 소유의 리더십을 선택하는 순간 자신도 모르게 빠지는 불감증 때문이다. 소유의 리더십을 선택한 리더가 겪어야 하는 몇 가지 위험한 불감증에 대해 생각해봤다.

첫 번째, 자신의 책임에 대한 불감증. 소유욕에 불타는 리더는 가장 먼저 초심을 잃는다. 초심은 '존재의 가치'로, 자신이 누구인지 무엇을 해야 하는 사람인지 아는 것이다. 하지만 소유의 리더십을 선택하면 이를 잊어버리고 나 아닌 다른 사람의 아바타처럼 판단하고 행동하며, 자신에게 주어진 권력을 사유화하고도 이를 합리화하는 등 자기 최면에서 벗어나지 못한다. 그래서 자신의 판단과 행동에 대한 책임감을 망각하여 잘못을 저질러도 반성할 줄 모른다.

두 번째, 타인의 고통에 대한 불감증. 욕심이 많은 리더는 자신의 소유욕을 채우는 데 집중하느라 타인의 고통과 희생에는 관심이 없다. 욕심으로 가득한 마음에 타인에 대한 배려가 차지할 자리는 남아 있지 않은 것이다. 그래서 지나친 소유욕은 이기심의 다른 표현이라고도 한다. 공감 능력이 현저하게 망가진 리더의 눈에는 다른 이들의 고통이 보이지 않으며, 설사 보인다 해도 그 어떤 마음의 울림조차 받지 못한다. 때문에 탐욕적인 리더일수록 더 잔인한 승자 독식의 함정에 빠지고 만다. 이쯤 되면 리더가 아니라 괴물이다.

세 번째, 미래의 불행에 대한 불감증. 소유의 리더십에 빠진 리더는 자신의 탐욕이 몰고 올 미래의 '역풍'에 대한 염려가 없다. 현재의 권력이 영원할 것이란 착각으로 인해 뻔히 예측되는 불행을 못 보거나 의도적으로 회피하기까지 한다. 판단력도 망가져 미래를 예측하기도 버거워진다. 그리고 이런 상황이 지속될수록 더 뻔뻔스럽고 비겁해진다. 불행의 칼날이 자신이 목을 조여오는데도 탐욕을 놓지 못하는 것이다.

리더의 길

네 번째, 자신의 명예에 대한 불감증. 소유의 리더십을 선택한 리더들의 공통점 중 하나는 바로 품위가 없다는 것이다. 이들은 약자를 조롱하고, 강자에는 비굴하다. 이들 사전에 모멸감이란 단어는 존재하지 않는다. 소유하기 위해서라면 패거리 문화도 기꺼이 수용한다. 또한 굴욕과 비겁함 그리고 거침없는 불법도 똑똑한 기술로 정당화하여 늘 반칙의 악취가 진동한다. 탐욕에 빠진 리더에게 '존재의 의미'보다는 '소유의 탐미'가 더 가치 있는 일인 것이다.

소유의 리더십이 가져오는 불감증을 나열했지만, 필자는 리더가 추구하는 소유에 대한 열망 자체를 문제 삼으려는 건 아니다. 단지 소유에 대한 리더의 욕구가 지나치거나, 존재의 가치와의 불균형이 심화되는 것을 우려하는 것이다. 적어도 소유와 존재의 균형을 유지할 수만 있다면 소유의 리더십에도 기회는 있다. 그러나 한번 소유의 리더십을 맛보고 난 뒤에 둘 사이의 균형을 유지하기란 쉬운 일이 아니다. 또한 가치를 중시하는 존재의 리더십은 소유의 리더십에 비해 때로는 무능과 나약함으로 비춰지기도 해 추구하기 어려울 때도 있다.

다행히도, 세상이 변하고 있다. 소유의 리더십을 결코 용서하지 않는 시대가 온 것이다. 이제 소유의 리더십을 추구하는 사람만 똑똑한 것이 아니라 모두가 똑똑해졌다. 똑똑해진 사람들은 절대 손해 보는 장사를 하지 않는다. 즉, 소유의 리더십을 간과하거나 용서하지 않는다. 요즘 조직에서는 직원이 종종 상전이 된다. 직원들 눈밖에 난 리더가 마음 편히 일을 못 하는 경우도 부지기수다. 자신의 책임을 다하지 않고 소유만 하려는 리더를 따를 만큼 순진한 직원은 더 이상 존재하지 않기 때문이다.

이번엔 '존재의 리더십'을 어떻게 추구할지 살펴보자. 사실, 방법은 간단하다. **본질에 충실하는 것이다.** 리더는 조직에서 자신의 존재 이유에 집중하면 된다. 물론 어떠한 리더의 삶을 살 것인가는 본인의 선택이다. 그러나 선택에는 책임과 대가가 기다리고 있다.

복잡해진 조직 생활에서 소유를 절제하기란 어려운 일이다. 그러나 바다를 표류하는 사람이 목마르다고 바닷물을 들이켠다면 구조선이 오기 전에 죽음을 피할 수 없다. 리더는 자신의 존재 이유가 무엇이고 어떤 가치를 추구할 것인가를 다시 한번 심각하게 고민해야 한다. 눈앞의 이득에 집착하기보다는 좀 더 멀리 보고 판단하고 행동하는 존재의 리더십이 리더 자신의 가치를 더욱 빛나게 할 것이다. 유능하고 유명했던 소유의 리더들이 위기를 맞는 일이 흔해진 요즘, 존재의 리더십이 더욱 간절한 이유다.

2

직급보다 '직능'에
집중하는 리더가 되라

리더가 보유하고 있는 지식과 정보는
생명이 다하는 때가 있다.
그러므로 리더는 직능 향상에 더 집중해야 한다.

조직은 흔히 피라미드로 표현되어왔다. 그러나 요즘은 아래는 넓고 위로 갈수록 좁아지는 안정적인 조직의 구도가 뒤집힌 것처럼 보인다. 아래는 좁고 위로 갈수록 두꺼워지거나, 원통형을 이루고 있어 매우 불안정하다. 조직 구조의 역피라미드화, 바로 인사 적체 현상이다.

이미 많은 조직이 역피라미드 현상을 겪고 있고, 몇몇은 심각한 수준에 이르렀다. 인사 적체의 심화는 직급의 인플레이션을 초래한다. 본래 승진의 매력은 희소성에 있다. 피라미드 조직 구조일 때는 선택된 사람만이 진급할 수 있기 때문에, 승진의 가치가 존중되었고 승진 자체가 조직 생활의 목표가 되기도 했다. 그런데 지금은 고참이 너무 많다. 승진한 사람도 많지만 승진할 사람도 많다. 직급이 남발되는 듯한 모양새다. 그래서 승진을 해도 감동은 없고 고맙지도 않다.

원래 조직 생활에서 승진만큼 보람 있는 일도 없었다. 그러나 지금은 승진을 원치 않거나 포기한 사람이 늘었다. 빨리 올라가면, 그만큼 빨리 나가야 하기 때문이다. 고용 시장이 원활하지 못한 최근 상황이 반영된 결과다. 언젠가는 조직을 떠나야 한다는 걸 알지만, 늘어가는 자녀의 학자금이나 놓치기 어려운 복지 혜택에 용기를 꺾는다. 결국 진급이 안 되더라도, 혹은 차라리 진급이 안 되어서 오랫동안 조직에 붙어 있기를 바란다. 버틸 수만 있다면 그 어떤 수모와 부끄러움도 사치에 불과하다.

그런데 여기서 생각해볼 점이 있다. 인사 적체를 해소하기 위해 조직들이 직급 해소에 집중하는 사이, 직능 개발에 대한 고민은 상대적으로 덜 하게 되었다는 것이다. 조직 입장에서는 고참이 늘고 승진시킬 사람이 많아진 문제를 해소하기 위해 직급을 다양화·간소화하고 또는 호칭을 변경하는 등 여러 시도를 한다. 그러나 이름이 바뀐다고 직원의 업무 능력이 향상되는 건 아니다. 오히려 여러 인사 개편으로 이동과 적응하는 데 시간이 소모되어 직능이 정체될 수 있다.

직급이 조직에 있을 때 필요한 품위라면, 직능은 조직에 있거나 혹은 조직을 떠났을 때 필요한 품위다. 직급이 체면이라면 직능은 경쟁력인 셈이다. 따라서 인사 적체를 해소하기 위해 리더는 직급의 변화에만 집중할 것이 아니라 직원들의 직능을 더 꼼꼼히 살펴야 한다. 직원이 무엇을 할 줄 아는지 파악해 어떻게 일을 분배할지 고민하고, 직원 개인의 경쟁력을 키워 조직에 있을 때는 성과를 창출하고 조직을 떠나서는 홀로 설 수 있도록 적극 지원해야 한다.

직급을 조정하는 데만 집중하면 고참 직원들은 평생을 보냈던 조직에 서운해지기 마련이다. 조직에 섭섭함이 가득한 그들이 남은 직장 생활 동안 조직을 좋게 생각할 리 없다. 그러면 젊은 직원들은 선배 직원들을 통해서 조직에 대한 불편한 심리와 저항적 태도를 학습하게 되고, 결국에는 조직에 대한 신뢰마저 약화되고 만다. 또한 고참 직원 입장에서는 오랫동안 고생했으니 나갈 때 가능하면 조직으로부터 충분한 보상을 받고 싶은데, 조직은 가능하면 적은 비용만 지불하고자 한다. 그러다 보면 쓸데없는 줄다리기에 서로 많은 에너지를 허비하며 소모적 감정싸움만 하게 된다.

낭비되는 시간과 비용으로 직원들의 직능 개발에 집중해야 하는 건 누가 봐도 자명한 일이다. 투덜대는 고참 직원의 이기적 인간성을 탓하기보다는 조직과 리더가 먼저 직급보다 직능에 집중해야 한다. 직원들이 직급에 집착해왔던 데에는 조직의 책임도 크다. 승진은 경쟁의 다른 표현이기 때문이다. 일을 잘하면 승진시켜주고, 못하면 승진에서 제외해온 오랜 관습을 버려야 한다. 조직 환경과 사회가 완전히 변해버린 이 시점에, 직급이 경쟁력이란 생각은 비정상적이다.

이제는 조직과 개인이 생각을 전환해야 한다. 세상이 변했고 조직이 변했다면 사람도 변해야 한다. 직원들은 현재 나의 직급이 무엇인가보다는 현재 내가 무엇을 할 줄 아는가를 더 엄격하게 점검하고 보완해야 한다. 조직 생활은 짧아졌고 삶은 길어졌다. 직원은 모두 언젠가는 조직을 떠난다. 그때 오랜 시간 조직에서 배웠던 직능을 기반으로 새로운 삶을 펼친다. 따라서 직원들은 자신의 미래를 위해 현재의 조직에서 직능을 갈고닦아야 한다. 리더도 직원들이 조직을 떠나서 잘 먹고 잘살 수 있도록 현재 직능을 끌어올리게끔 지원해줘야 한다. 그런 리더에게 직원들은 원망보다 은혜와 감사의 마음을 가질 것이다.

그럼에도 직급보다 직능에 집중해야 할 이유를 모르겠다면, 리더부터 조직을 자신의 능력을 키워갈 수 있는 고마운 버팀목이라고 생각해보자. 그렇게 생각하면 우리가 현재 조직에서 업무에 집중해야 하는 이유가 조직만을 위한 것이 아님을 알 수 있다.

몇몇 사람들은 조직에서 오랫동안 일하며 경험으로 쌓은 직능이 있기 때문에 따로 능력을 키울 필요가 없다고 여기기도 한다. 그러나 조직에 오래 머문다고 능력이 저절로 자라는 건 아니다. 물론 오랜 시간을 버틴 '경험'도 능력이긴 하다. 그러나 경험이든 능력이든, 이들은 생명 주기가 있어 자주 점검하고 재충전해야 한다. 특히 직급이 높아질수록 실무보단 관리와 판단 그리고 평가의 업무가 많아져 직능을 끌어올리기가 더 어려워진다.

조직도 일의 대가로 승진만 강조해서는 안 된다. 승진이 좌절되거나 직급 변경 등의 일이 발생하면 가족 같은 직원들과 원수가 될 수 있다. 그러므로 조직은 직원들에게 직급은 조직 내 경쟁의 대가이고, 직능은 조직 외 경쟁의 대가라는 것을 주지시켜야 한다. 그러면 직원들은 다른 직원과의 경쟁뿐 아니라, 현재 자신의 직무 능력을 끌어올리는 자신과의 경쟁도 마다하지 않을 것이다.

직원들을 관리하는 리더도 마찬가지다. 자신이 어디까지 올라갈 수 있는지를 고민하기보다, 지금까지 자신이 무엇을 해왔고 앞으로 무엇을 할 수 있는가에 더 집중해야 한다. 리더도 언젠가는 직능으로 판단되는 고용 시장에 진입하게 된다. 그때가 왔을 때 조직이 배려하고 책임져줄 여유는 없다. 리더 본인 스스로 자신이 보유한 직능을 점검하고 관리해야 하는 이유가 바로 이것이다.

조직만 바라보면 조직을 떠나지 못하고, 조직을 떠나지 못하면 힘겹게 버텨야 한다. 어떻게 버틴다 할지라도 분명 조직을 떠나는 날은 오고, 그때는 앞날이 막막할 수밖에 없다. 조직의 모습이 다시 피라미드가 되는 기적을 바라기보다는 자신의 직능을 키워 스스로 기적을 만드는 것이 더 희망적인 방향이다.

3

리더 잡는 완벽주의,
자기 자비로 극복하라

불안한 리더는 지나친 완벽주의에 빠진다.
그 강박관념에서 벗어나려면
자신과 먼저 화해해야 한다.

완벽하고 싶지 않은 사람이 있을까? 다 잘하고 싶은 것은 인간의 본능적 욕망이다. 특히나 조직에서 치열한 경쟁에 노출되어 있는 리더에게 완벽주의는 피하기 어려운 운명이다. 리더라면 누구나 성과를 많이 내고 싶고, 직원들로부터 존경과 인정도 받고 싶을 것이다. 그러나 이 모든 것을 얻고자 완벽을 추구해도 누구나 완벽해지는 것은 아니다.

안타깝게도, 우리 사회는 모든 리더가 완벽해지기를 강요하고 있다. 이렇게 강요된 완벽주의는 정상적인 리더십을 방해하는 요인이 된다. 완벽해야 생존할 수 있다는 의식이 리더를 오히려 위기에 빠뜨리는 것이다. 리더는 리더대로 스트레스에 괴롭고, 그 영향으로 주변 사람들마저 희생하는 상황이 온다.

완벽주의는 심리학 분야에서 주로 연구해왔다. 몇몇 연구들을 살펴보면 완벽주의에는 분명 긍정적인 효과가 있다. 그러나 대부분의 연구에서는 완벽주의가 조직과 개인에 부정적인 영향을 초래하는 것으로 나타났다. 왜 그럴까? 완벽주의가 다양한 심리적 부담을 동반하기 때문이다.

우선 일반적으로 알려진 완벽주의 유형 세 가지를 살펴보자.

첫 번째 유형, '자기 지향적 완벽주의'. 자기 지향적 완벽주의를 추구하는 리더는 남들에 비해 자신감이 있고 자아실현 욕구도 높다는 점에서 긍정적인 면이 있다. 그러나 이 욕구가 넘쳐서 지나치게 높은 목표를 설정하면 문제가 발생한다. 목표를 달성하고자 최선을 다해 노력하지만, 한편으로는 실패에 대한 염려와 두려움이 존재해 심리적 부담을 계속 갖고 있는 것이다. 그러다 보니 자신이 설정한 목표와 현실을 끊임없이 비교하면서 괴로워하고 늘 방어적 자세를 취하게 된다. 남들에게 약점을 들키지 않으려 늘 긴장과 초조함에 자신을 가두기도 한다. 이렇게 자신에 대한 불만족과 후회 그리고 좌절을 느끼면서 자기 지향적 완벽주의자들은 실패에 대한 두려움과 혐오로 괴로워하고 고통스러워한다. 이 감정을 극복하는 과정에서 리더의 정신은 황폐해지기 쉽다.

두 번째 유형, '타인 지향적 완벽주의'. 타인 지향적 완벽주의 성향의 리더는 남이 노는 꼴을 못 본다. 기본적으로 타인에 대한 기대감을 일방적으로 설정해둔다. 이 때문에 종종 다른 사람에게 동기를 부여해주거나 행동으로서 지원해주기도 하는 긍정적 면모도 보이나, 대개는 누구도 믿지 못하고 의심이 많다. 의심이 많다 보니 타인이 하는 일이 불안하고 결국 많은 일을 본인이 직접 해야 직성이 풀린다. 이렇게 리더가 의심을 하면 주변 사람들은 마음이 편할 리 없다.

또한 타인 지향적 완벽주의자는 다른 사람의 실수와 실패에 관대하지 못하고 용서를 잘 못 한다. 항상 주변인들을 의심의 눈초리로 바라보다 보니 스스로 불안해하며 편견에 빠지기도 한다. 누군가 매사에 지나치게 간섭하면 이는 잔소리로밖에 들리지 않는다. 잔소리만 늘어놓는 리더를 누가 기꺼이 반길까? 리더와 직원들 사이는 점차 소원해진다. 그럼에도 리더의 의심은 멈추지 않고 점점 리더 자신도 힘들어진다.

세 번째 유형, '사회적 완벽주의'. 이 유형은 자신에게 중요한 영향력을 미치는 존재, 이를테면 최고경영자 등의 기대감에 부응하려 부단히 노력하는 유형이다. 조직이나 상사의 기대감에 되도록 완벽하게 부응하려다 보니 그에 못 미친다 생각되면 큰 실망과 좌절에 빠져 심각하게 괴로워한다. 특히나 조직과 상사가 기대하는 정도를 곡해하여 더 높은 기대감을 상정하고 지칠 때까지 그 기대를 충족하려 애쓰는 경우도 허다하다. 때로는 부당한 행위도 서슴지 않는다. 또한 가끔은 유능한 부하 직원을 경쟁자로 인식하여 그를 의도적으로 희생시키는, 매우 안 좋은 행동을 보이기도 한다.

이처럼 완벽주의는 스스로 선택한 행위이기도 하지만, 조직이라는 특수한 상황에서 은연중에 강요된 것이라고도 볼 수 있다. 완벽주의가 좋은 기제가 되어 자신의 업무를 잘 수행하는 리더도 있을 것이다. 그러나 완벽주의의 정의에서 보듯이 완벽주의는 불행한 결말을 초래할 확률이 더 크다.

완벽주의는 어떤 측면에서 보면 자신을 위해 선택한 행위 같지만, 궁극적으로는 남 좋은 일만 하고 자신은 희생하는 행위일 뿐이다. 물론 조직에서 자신이 해야 할 일을 잘 해내고, 직원들도 잘 독려하면서, 조직과 상사의 기대를 저버리지 않는 것은 리더로서 매우 중요한 과업이다. 그러나 문제는 지나친 완벽주의이다. 작은 일 하나하나를 다 잘해보려다 오히려 큰일을 그르치는 소탐대실이 바로 지나친 완벽주의이다.

리더들은 강요된 완벽주의를 탈피하기가 쉽지 않다. 조직이 요구하는 완벽주의를 게을리하다가 조직에서 배제될 수 있다는 강박이 있기 때문이다. 그렇다면 리더의 완벽주의는 긍정적인 방향으로 귀결될 수 없는 걸까?

완벽주의를 피할 수 없다면 자신을 아끼고 관리할 수 있는 '지혜'를 찾아야 한다. 자신을 혹사하지 않고 귀하게 여길 방법을 찾는 것이다. 누구나 자신을 위해 일한다고 하지만, 실상은 자신을 함부로 대하는 경우가 많다. 완벽주의를 추구하다 보면 이런 현상은 더욱 심해지고 결국 부정적 완벽주의의 노예가 된다. 따라서 리더들은 강요된 완벽주의의 부정적 효과에 대비해둬야 한다.

가장 먼저 자신을 아끼는 법부터 배우자. 끼니도 제때 챙겨 먹고, 좋은 생각도 많이 하고, 의도적인 휴식도 충분히 취하자. 자신에 대한 자비, 이른바 **'자기 자비**self- compassion'에 익숙해지는 것이다. 자기 자비는 이기심과는 다른 개념이다. 이기심은 자신을 고립시키지만, 자기 자비는 진실로 자신을 아낄 줄 아는 스스로에 대한 배려이기 때문이다. 그래서 자기 자비의 자세는 완벽주의에 희생된 리더를 치유해주는 좋은 '회복탄력성'이 될 수 있다.

완벽주의가 강한 리더의 종말은 자기 파괴이다. 한번 파괴된 몸과 정신은 혼자만의 힘으로 회복하기 어렵다. 주변에 멘토가 있거나 협력자를 구할 수 있다면 모르겠지만, 대부분의 완벽주의자는 관계적으로 고립되어 있기 때문에 혼자 괴로워하며 내면에 쌓인 분노를 타인들에게 전가하는 것밖에 할 수 있는 것이 없다. 즉, 자기 자신을 돌보지 않는 지나친 완벽주의는 가장 먼저 자신을 망가뜨리고, 이어 주변인들을 힘들게 하며 조직의 성과에도 피해를 주는 최악의 결과를 초래하는 것이다.

만약 스스로 자기 자비를 실행하기 어렵다면 믿을 만한 주변인들의 도움을 받는 것이 좋다. 이 또한 부담스럽다면 정신적·신체적 여유를 스스로에게 준다고 생각하자. 그리고 무엇보다 중요한 것은 강요된 완벽주의에 희생되지 않는 리더가 되는 법을 배워야 한다는 점이다. 한 조직을 이끄는 리더는 조직에 속한 많은 직원과 그의 가족까지 책임져야 하는 존재이다. 이 태생적 임무가 완벽주의를 강요할 여지가 많기 때문에, 부단히 완벽주의의 폐해에 빠지지 않도록 의식해야 한다. 자기를 아끼지 않는 리더가 누구를 지킬 수 있겠는가? 리더가 살아야 조직도 산다.

험한 시절이다. 세상은 불확실해지고 조직은 점점 가난해지고 있다. 직원은 까칠해졌고 리더는 불안하다. 어느 것 하나 쉬운 일이 없고 어디든 마음 편히 쉴 곳이 없다. 어쩌면 리더의 완벽주의는 모두를 살리겠다는 강한 정신력이 처절한 책임감으로 변질된 것일지도 모르겠다. 그러나 잘 먹고 잘 살자는 의지가 모두를 못 먹고 못 살게 만든다면, 완벽주의는 하나의 구호에 불과하지 않을까.

4

경쟁자에게 적개심보다 '자부심'을 가져라

경쟁자에 대한 적개심만 있으면,
적은 보면서 자신은 못 보는
과오를 저지르게 된다.

경쟁 없는 리더 없고 경쟁 없는 성공 없다. 경쟁 사회에 살고 있는 한, 경쟁이란 불가피한 생존의 한 과정이다. 특히 조직 생활에서는 위로 올라갈수록 경쟁이 치열해지고 경쟁자의 공격도 거세진다. 올라갈 자리는 한정되어 있고 기회는 지나가면 언제 돌아올지 모른다. 그러나 경쟁자는 나의 의지보다 늘 먼저 다가온다. 기회는 경쟁자를 뛰어넘어야만 잡을 수 있다. 피곤한 일이다. '만약 경쟁자가 없다면 얼마나 좋을까?' 이런 경계심은 적개심으로 진화하기도 한다.

여기서 잠깐, 경쟁자에 대해 생각해보자. 경쟁자는 누구일까? 경쟁자의 유형도 다양하다. 우선 '드러난 경쟁자'와 '가려진 경쟁자'가 있다. 드러난 경쟁자는 구조적으로 경쟁 관계에 놓여 있는 관찰 가능한 경쟁자다. 반면, 가려진 경쟁자는 보이지는 않는 곳에서 갈고 닦은 내공으로 결정적인 순간에만 본색을 드러내는 관찰 불능의 경쟁자다. 그래서 가려진 경쟁자가 드러난 경쟁자보다 더 위협적이다.

또 '경쟁할 만한 경쟁자'와 '경쟁할 가치가 없는 경쟁자'도 있다. 경쟁할 만한 경쟁자는 능력과 평판 면에서 만만치 않은 상대로, 결과를 예측하기는 어렵지만 한번 붙어볼 만한 인물이다. 반면 경쟁할 가치가 없는 경쟁자는 출발부터 나보다 지나치게 월등한 인물이거나, 반대로 낮은 능력과 평판을 소유한 인물이다. 경쟁자의 능력이 너무 높거나 낮으면 경쟁의 동기가 생기지 않는다. 경쟁이 맹렬할수록 드러난 경쟁자는 공격의 수위를 높일 것이고, 가려진 경쟁자는 감췄던 모습을 드러낼 것이다. 그리고 이들은 경쟁할 만한 경쟁자가 된다.

그렇다면 경쟁자를 이기는 올바른 길은 무엇일까? 간단하다. 경쟁자와 차별화된 능력을 보유하면 된다. 그런데 그 능력이 정상적으로 작동하려면 본인이 먼저 정상적인 상태에 있어야 한다. 마음의 균형을 잃은 상태가 되면 경쟁자를 지나치게 의식하거나 분노에 가까운 적개심을 갖기 쉽다. 그러면 아무리 뛰어난 능력을 지녔어도 제대로 발휘하기 어렵다. 분명 경쟁을 시작하기도 전에 패하고 말 것이다.

사람은 감정의 동물이라고 했다. 리더도 사람이다. 어찌 경쟁자에게 냉철함만을 유지할 수 있을까? 어려운 일이다. 과연 리더가 본인의 감정을 냉철하게 절제하고 정상적으로 능력을 발휘할 방법이 있을까? 있다. 경쟁자를 미워하는 '적개심'을 버리고 그를 경쟁 상대로서 당당히 여기는 '자부심'을 갖는 것이다. 경쟁자에게 적개심을 가지면 경쟁자는 보이지만 자신을 보지 못하게 된다. 그러나 자부심을 가지면 경쟁자도 보이고 자신도 훤히 보인다. 즉, 경쟁에서 지는 이유는 본인에게 먼저 지기 때문인 것이다.

그럼 경쟁자에 대한 적개심은 무엇이 문제이고 어떠한 약점에 노출되게 하는지를 알아보자. 리더가 경쟁자에 대해 적개심만 가지면 빠지기 쉬운 네 가지 위험은 다음과 같다.

첫 번째 위험, 판단력을 상실한다. 적개심은 분노에서 비롯되고 분노는 경쟁자에 대한 처절한 공격성만을 키운다. 이는 침착한 판단력을 심하게 훼손시켜, 경쟁자가 어떤 최종 병기를 확보하고 있는지를 파악할 수 없게 한다. 경쟁자의 무기를 모르면 방어를 할 수 없다. 경쟁자에게 처참히 당하는 건 당연한 수순이다. 역사적으로 뛰어난 명장들도 지나친 분노로 이글대는 적개심 때문에 실패한 사례가 많다. 경쟁 상황에 있는 리더가 평정심을 잃으면 안 되는 이유가 바로 이것이다.

두 번째 위험, 직원의 획일화를 초래한다. 리더가 경쟁자에게 적개심을 가지면 직원들도 동일하게 갖도록 강요하게 된다. 리더는 왜 경쟁자에게 적개심을 가져야 하는지 그 명분을 끊임없이 직원에게 설명하고, 동참을 호소할 공산이 크다. 직원들은 반복되는 리더의 적개심을 관찰하고 학습하여 마침내 모방하게 된다. 직원들이라도 정신을 차려야 하는데, 덩달아 적개심에 불타고 있다면 모두가 하나의 시한폭탄이나 마찬가지다. 또한 리더의 맹목적 적개심에 전염된 직원들은 다양한 의견과 재능을 가졌음에도 적개심 가득한 덩치 큰 바보들로 전락하고, 결국 집단사고Group Think의 희생물이 되고 만다.

세 번째 위험, 본연의 역할에 소홀해진다. 모든 리더는 고유의 역할이 있다. 경쟁자에 대한 대응 또한 리더의 역할이지만, 그 외에도 리더가 해야 할 일은 너무나 많다. 이런 상황에 마음속에 적개심이 가득해지면 당연히 의무에 집중하기 어렵다. 허구한 날 경쟁자에 대한 분노와 이기는 법만 고민하고 있으니, 정작 자신이 해야 할 다른 일들은 할 시간이 없다. 앞만 보고 등 뒤에서 벌어지는 불행은 보지 못하는 것이다. 그것이 바로 경쟁자가 가장 바라는 일이다. 또한 많은 기능들로 구성된 조직은 각자의 역할이 있다. 그리고 그 역할들이 잘 작동되어야 조직은 정상적으로 돌아간다. 어느 한 부분에라도 문제가 생기면 조직은 삐거덕거리게 된다. 그런데 리더가 자기 역할을 제대로 하지 않으면 어떻게 될까? 나비의 날갯짓이 크나큰 태풍이 될 수 있는 것처럼, 리더의 작은 소홀함이 조직에 큰 실패를 가져오는 원인이 될 수 있다.

네 번째 위험, 반성할 기회를 앗아간다. 누구나 실수할 수 있다. 실수를 인정하면 반성하면 된다. 반성하면 같은 실수가 반복되는 것을 예방할 수 있다. 만약 리더가 경쟁자에 대한 적개심에 사로잡혀 있다면 정당성에 집착할 가능성이 크다. 그래야 경쟁자를 물리치는 이유가 명확해지기 때문이다. 그러나 그 과정에서 자신의 실수와 약점을 반성하고 회복하는 기회를 잃을 수 있다. 적개심에 정당성을 부여하기 위해서는 경쟁자에 비해 자신이 완벽하다고 믿어야 하기 때문이다. 그래서 실수와 반성은 모르쇠로 넘어가게 된다. 모든 일은 때가 있고, 실수에는 반성할 때가 있다. 그때를 놓치면 대가를 치러야 한다. 그 대가란, 스스로 무너지는 패배다.

리더의 적개심은 이처럼 조직 전체에 무서운 악영향을 미친다. 반면 리더가 경쟁자를 인정하고 자신의 경쟁자로서 자부심을 갖는다면, 적개심이 주는 불행과 반대되는 여러 이득을 얻을 수 있다.

첫 번째 이득, 경쟁자에 대한 명확한 판단을 할 수 있다. 자부심은 경쟁자가 무엇을 갖고 있는지를 끝없이 관찰하게 하고 이성적인 대응을 할 수 있게 해준다. 꼭 이겨야만 하는 경쟁자지만, 그를 무작정 두려워하기보다 이기고자 하는 건강한 흥분이 인다. 그 덕에 하나라도 더 고민하고 더 대비하는 평정심을 갖게 된다.

두 번째 이득, 직원의 잠재력까지 활용하게 된다. 경쟁자를 미워하는 데 에너지를 쓰기보다 이기기 위한 철저한 준비에 몰입하다 보면, 리더는 물론이고 직원들까지 능력과 의지 그리고 잠재력을 모두 발휘하게 된다. 직원은 리더를 모방하기 때문이다. 덕분에 내실을 충실히 할 수 있다.

세 번째 이득, 본연의 역할을 먼저 챙기게 된다. 경쟁자에 대한 자부심은 리더가 자신의 역할에 집중하도록 돕는다. 빈틈을 보이지 않기 위해 지극히 정상적인 절차와 순서를 밟아 일을 해나간다. 경쟁자에게 자부심을 느끼므로 부당한 과정을 용납지 않고, 결과에 지나치게 집착하여 과정을 희생시키지도 않는다. 과정이 누락되면 실수가 나온다. 자부심은 이런 실수를 줄여 그만큼 승률을 올려주는 것이다.

네 번째 이득, 리더가 자신의 실수를 반성할 수 있는 기회를 얻게 된다. 실수를 반성하면 같은 실수를 반복하지 않을 수 있다. 또 그 반성은 새로운 해법과 지혜를 교훈으로 제공해준다. 자신을 처절하게 반성할 줄 아는 리더는 늘 이기는 경쟁을 할 수는 없어도, 늘 지지 않는 경쟁은 할 수 있다.

지금까지 리더가 경쟁자에 대한 적개심을 버리고 자부심을 가져야 하는 이유에 대하여 살펴봤다. 리더는 본래 열정적이고 치밀하며 자신감이 가득해야 한다. 그런데 신은 우리에게 재능과 교만을 함께 주었다. 잘나가는 리더가 실패하는 이유는 멀리 있지 않다. 스스로 평정심을 유지하지 못하고 균형감을 잃는 것, 바로 거기에 있다. 이를 방지하기 위해 반드시 경쟁자에 대한 자부심을 가져야 할 것이다.

품위 없는
가십을 피하라

리더의 말에는 직급만큼의 무게감이 있다.
직원들은 리더의 말을 통해 조직을 해석한다.

가십gossip은 어느 조직에나 존재하며 누구나 가십의 피해자이자 가해자가 될 수 있다. 그만큼 인간관계에서 빠질 수 없는 소통의 한 형태가 가십이다. 가십을 바라보는 시선은 두 가지다. 건강한 조직의 자연스러운 현상으로 보는 관점도 있고, 어수선한 조직을 더욱 혼란스럽게 만드는 소모적 갈등의 한 행태로 해석하는 관점도 있다. 그러나 가십의 다른 표현이 '뒷담화'라는 점을 고려해보면, 가십을 부정적 관점으로 해석하는 것이 더 설득력이 있다.

특히 변화를 겪고 있는 조직에서 가십은 더욱 활성화된다. 변화는 늘 불확실성을 동반하고, 불확실성은 직원들의 불안감을 증가시키기 때문이다. 불안해진 직원들은 생존을 위해 본능적으로 은밀한 정보에 먼저 귀를 기울인다. 그 과정에서 조직과 리더 혹은 동료에 대한 가십에 거리낌 없이 동참하게 된다. 확인되지 않은 가십은 직원들 사이에서 전달되며, 왜곡되거나 과장되어 조직의 에너지를 불필요하게 허비하게 한다. 여기에서 더 나아가 가십은 소문에 그치지 않고 하나의 믿음으로 변질된다. 결국 가십으로 인해, 조직의 안정을 위해 밝히지 않았던 리더의 변화 노력들은 조직 내 갈등을 일으키는 원인이 되고 만다. 그래서 리더는 조직의 가십을 결코 간과해서는 안 된다.

그런데 직원들의 가십보다 더 위험한 것이 바로 '리더의 가십'이다. 직원들의 가십은 말 그대로 뒷담화 수준이다. 그러나 리더의 가십은 직원들의 가십을 초월한다. 일단 리더가 던지는 가십은 그 무게부터가 다르다. 직원과 달리 리더는 고급 정보를 더욱 많이 확보하고 있을 것이란 믿음이 있기 때문이다. 그래서 리더의 가십은 진상 확인과 상관없이 사실로 이해될 수 있다.

요즘처럼 조직의 변화가 급격하고 빈번하게 발생하는 시기에는 리더가 먼저 흔들리는 경우가 많다. 흔들린 리더의 불안한 감정은 공격적이고 습관적인 가십으로 표출될 가능성이 크다. 리더의 습관적인 가십은 품위도 없지만 직원들에게는 그야말로 소음에 지나지 않는다.

그리고 요즘은 직원들을 압박하기 위해 협박에 가까운 가십을 쏟아내거나 확실하지도 않은 정보를 여과 없이 과시하여 혼란을 자극하는 리더도 있다. 특정 조직이나 인물을 편애하면서 그것이 조직의 의도인 양 포장하는 가십을 생성하는 리더도 종종 있다. 이런 가십은 직원들의 관심은 끌어낼 수 있겠지만 존경받을 만한 일은 결코 아니다.

만일 조직에서 리더가 무차별적으로 가십을 던진다면 어떤 일이 벌어질까? 분명 조직의 존폐를 위협할 만한 엄청난 혼란이 올 것이다. 리더의 가십은 그 어떤 가십보다 위협적이기 때문이다. 이 추론의 근거는 다음과 같다.

첫째, 리더의 가십은 파급 효과가 크다. 리더는 한 조직을 대표하는 인물이다. 따라서 리더의 말은 곧 조직의 말이 될 수 있다. 직원들은 리더가 던진 말을 진지하게 해석하고 받아들인다. 특히 직원들은 리더의 가십에는 자신들이 쉽게 접근할 수 없는 조직의 숨겨진 의도가 담겨 있다고 생각하여, 리더의 가십에 더욱 집중한다. 직원들에게 조직의 의도란 자신에게 곧 닥칠 기회나 위협이 될 수 있기 때문이다. 그래서 리더의 가십은 '묻지 마 정보'로 받아들여지는 것이다.

둘째, 리더의 가십은 조직 내 갈등을 촉발한다. 가십에는 늘 피해자가 있기 마련이다. 물론 리더의 가십으로 이득을 보는 조직이나 직원도 있겠지만 그 반대인 경우가 더 많다. 행여 자신이 가십의 대상이 되거나 억울한 피해를 보지 않을까 염려하는 마음에 직원들은 누구나 리더의 가십에 촉각을 세운다. 그러다 만약 리더가 언급한 가십에 자신이 연계되어 있다고 판단되면 억울함에서 벗어나기 위해 원인 제공자에 대한 심리적·물리적 응징에 집중하게 된다. 결국 조직 간 혹은 직원 간 갈등이 심각한 수준으로 치닫는다. 또한 리더의 철없는 가십은 직원들에게 학습되어 조직 내 부정적 가십을 더욱 활성화시킨다. 그러면 조직은 승자도 패자도 없는 전쟁터로 전락한다.

셋째, 조직과 리더에 대한 불신을 가중시킨다. 리더의 가십은 일종의 갑질이다. 리더란 이유만으로 공격적이고 저질스러운 감정을 담은 가십을 신중치 못하게 표출한다면, 이는 곧 직원들의 분노를 사게 된다. 그리고 이 분노는 조직에 대한 불신으로 이어질 수 있다. 뿐만 아니라 직원들 가슴에서 리더가 사라지면 조직도 사라지는 법이다. 직원에게 상처를 주는 리더의 가십은 조직에게도 상처를 주는 것과 같다.

그렇다면 리더의 가십을 긍정적인 방향으로 이용할 수는 없는 걸까? 세상에 존재하는 문제에는 반드시 해법도 존재한다. 리더는 자신의 개인적인 감정에 치우친 가십을 내뱉기보다 조직을 위해 긍정적인 영향을 선사해줄 건강한 가십의 지혜를 갖추어야 한다. 이러한 관점에서 리더의 가십을 보완할 나름의 해법을 생각해봤다.

첫 번째 해법, 리더는 어려울수록 신중하게 말하는 법을 학습해야 한다. 리더는 욱하는 마음을 자제하고, 직원들에게 전달하는 단어 하나하나에 품위를 담아야 한다. 영리해진 요즘 직원들은 리더의 가십을 통해 정보는 취하지만, 품위 없는 리더에겐 관심을 끊는다. 품위 있게 말을 하려면 리더는 말을 하기 전 반드시 검증 과정을 거쳐야 한다. 직원들이 리더의 말을 오해하거나 진정성을 의심할 수 있는 요인이 있는지 미리 확인하고 수정해야 한다. 유능하고 신뢰할 만한 측근들과 먼저 조심스럽게 협의하는 것도 한 방법이다. 리더는 개인이기 전에 조직의 안정과 신뢰를 책임지는 조직의 대표이기 때문에 말 한마디에도 전략을 담고 있어야 한다.

두 번째 해법, '긍정적 협력'을 이끌 수 있는 방향으로 말을 포장할 줄 알아야 한다. 조직에서 갈등이란 불가피한 현상이다. 자원도 불충분하고 자리도 부족하기에 시비가 있을 수밖에 없다. 이때 리더는 아름다운 목적을 담은 건강한 가십을 통해서 직원들이 서로를 긍정적으로 바라보고 상호 협력적 의지를 다질 수 있도록 조정해야 한다. 행여 현실의 어려움을 빙자하여 리더가 먼저 부정적이고 부질없는 가십을 떠들면 갈등만 키울 뿐, 어느 누구에게도 도움이 되지 않는다. 따라서 리더는 조직 간 혹은 직원 간에 서로 긍정적인 협력을 유지하도록 유도하는 지혜가 필수다.

세 번째 해법, 리더와 조직에 대한 신뢰를 회복할 수 있도록 원칙에 근거한 의도를 일관성 있게 보여주어야 한다. 리더의 말은 직원들이 더 잘 기억한다. 리더가 언제 어디서 무슨 말을 했는지를 정확히 알고 있다. 리더의 말에는 영향력과 무게감이 있기 때문이다. 그래서 리더는 말로 조직을 이끈다고 해도 과언이 아닌 것이다. 리더가 자신의 말에 책임을 다하면 직원들은 리더를 신뢰하고, 조직도 신뢰하게 된다. 이 관계는 수많은 경영학계 실증 연구에서 이미 검증된 바 있다. 그러므로 리더는 속에 말을 다 내뱉는 것만이 진정성 있는 게 아니라는 걸 기억하고, 조직과 리더에 대한 직원들의 신뢰를 훼손시키지 않는다는 원칙을 기반으로 소통해야 한다.

리더의 힘겨움을 누가 모르겠는가? 리더도 때론 불확실한 가십을 흘려서라도 상황을 타개하고플 때가 있을 것이다. 그러나 리더는 직원과 조직을 위해 자신의 감정을 양보할 줄도 알아야 하고 직원들의 정당한 요구와 원망에 항복할 줄도 알아야 한다. 어려운 일이다. 그러나 이렇게 하지 않으면 더 어려워진다는 사실을 이해하길 바란다.

6

의심보다
'신뢰'를 중시하라

리더가 직원을 의심하기 시작할 때,
직원은 이미 리더를 의심하고 있다.

'재기再起, 다시 일어서다'라는 단어가 사라졌다. 개인이나 조직이나 한번 쓰러지면 다시 일어나기 어렵기 때문이다. 그래서 요즘처럼 복잡한 세상을 감당해야 하는 리더는 재기할 수 있는 능력을 키우는 것보다도 재기해야 할 상황을 애초에 만들지 않는 능력을 키우는 게 더 중요하다. 즉, 잘나가는 리더가 되는 것보다 덜 위험해지는 리더가 되는 편이 나은 것이다.

그 방법 가운데 하나는 모든 일에 '의심'을 하는 것이다. 의심을 가지면 무엇이 필요하고 무엇이 위험한지를 어느 정도 파악할 수 있다. 그런데 일과 사람에 대한 의심을 갖는 것이 리더에게 요구되는 능력임에는 틀림없지만, 이게 지나치다면 다시 생각해봐야 한다. 리더의 신중하고 노련한 의심은 초년의 성공 밑천이지만, 성급하고 미련한 의심으로 변질된다면 말년의 실패를 초래하는 원인이 되기 때문이다. 특히 사람에 대한 의심이 지나치면 오히려 위기에 빠지기 쉽다. 안타깝게도 상황이 불리해지거나 리더 본인이 자신감이 떨어지면 의심은 습관이 된다.

그렇다면 의심 많은 리더의 특징은 무엇이고 유의할 점은 무엇인지 살펴보자. 먼저 의심 많은 리더는 다음과 같은 특징을 보인다.

첫 번째 특징, 사람을 오래 쓰지 않는다. 의심이 많은 리더는 당연히 사람도 쉽게 의심한다. 특히 인간적인 배신을 한 번이라도 경험한 리더라면 좀처럼 사람을 믿으려 하지 않는다. 싫증 또한 잘 낸다. 리더의 의심하는 습관은 곁에 있는 사람들에게까지 전염된다. 직원들은 처음에는 리더의 의심을 눈치채지 못한다. 리더로서 가질 수 있는 책임감의 다른 표현이라고 생각하기 때문이다. 그러나 리더의 의심이 반복되면 오히려 리더를 먼저 의심하게 된다. 서로가 서로를 의심하는 것이다.

의심 많은 리더를 그냥 지나치는 바보 같은 직원은 없다. 당신이 무슨 일을 해도 의심을 받는다면, 뭘 하고 싶겠는가? 직원들은 의심을 해소하기보단 의심받을 그 어떠한 행위도 하지 않기 위해 그냥 시키는 대로 하는 것이 가장 안전하다고 판단한다. 결국 리더의 의심이 주변 사람들의 의심을 키우고, 그 의심은 리더에 대한 회피동기를 자극하게 되는 것이다. 의심 많은 리더는 공공의 적이 되고, 조직은 모두가 침묵하는 곳으로 변한다. 그러한 주변인들의 부정적인 반응을 지켜보면서 리더는 자신의 의심이 틀리지 않았다고 착각하고 계속 의심을 하며 사람을 버린다.

두 번째 특징, 용서가 없다. 의심이 많은 리더는 자신이 의심하는 사람을 실제보다 더욱 가혹하게 판단한다. 작은 실수에도 지나치게 의미를 부여하고 처음부터 그럴 줄 알았다는 식으로 속단해버리는 것이다. 이러한 현상을 '후견지명後見之明, Hindsight Bias'이라고 한다. 선견지명先見之明과 반대되는 의미로, 결과가 도출된 후에 뒤늦게 본인은 처음부터 이럴 줄 알았다고 판단해버리는 지각적 오류를 말한다. 이러한 후견지명의 가장 큰 문제점은 상대방의 잘못을 지나치게 부풀려 인식하게 된다는 것이다. 의심 많은 리더에게 한번 찍히면 회복하기 어려운 이유다.

실수를 한 것은 잘못이지만, 그 실수에 대한 평가가 너무 가혹하면 누구나 분노하기 마련이다. 분노한 직원이 작은 실수도 용서하지 않는 리더에 대응하는 방법은 간단하다. 직원도 리더를 용서하지 않는 것이다. 직원은 리더가 실수하기만을 고대하거나, 때론 리더가 실수할 수 있는 상황을 직접 조성하는 가해자가 될 수 있다. 그런데 이 상황에서 의심 많은 리더는 반성은커녕, 자신의 의심 많은 습관 덕분에 이 정도의 피해만을 보았다고 안도하기 쉽다. 그리고 의심은 다시금 심각한 수준에 이르게 되고, 결국 리더는 나 빼고 모두 의심할 만하다는 고집에 빠져 스스로 고립되고 만다.

세 번째 특징, 본인도 괴롭다. 의심이 많은 사람은 자신이 의심하는 사람만큼 본인도 힘들다. 늘 의심하는 마음으로 사람을 대하는데 피곤하지 않을 리 없다. 심한 경우에는, 자신까지 의심하기도 한다. "내가 왜 이럴까?" 하고 의심하며 점점 작아지는 것이다.

의심이 많으면 귀도 얇아진다. 특히나 의심이 커진 리더는 내부 직원들의 말은 일방적으로 믿지를 않거나 회피하면서, 남의 말은 잘 듣는다. 가장 가까이 해야 할 사람은 멀리하고 멀리해야 할 사람은 곁에 두는 아이러니를 거리낌 없이 실행에 옮긴다. 그래야 마음이 편안해진다. 어리석은 짓이다. 자신을 지켜줄 사람을 의심하고 멀리하기에 그렇다. 일시적이고 이해관계로 얽힌 사람들에 의지하려는 리더는 그 누구보다 약한 존재이다. 겉은 의심으로 강한 듯 포장하지만 속은 남과 공유할 수 없는 고독으로 괴롭기 그지없다. 그래서 이들은 공통적으로 아는 사람은 많은데 절친切親이 없다. 의심 많은 사람에게서 얻을 것이 별로 없다는 것을 사람들은 알기 때문이다.

네 번째 특징, 남 탓만 한다. 의심은 타인에 대한 불신에서 시작된다. 어떤 일이 잘 안 되면 원인을 자신이 아닌 남에서 찾는 심보이다. 특히 누군가 자신을 의도적으로 어렵게 만들고 있다는 생각이 머릿속을 떠나지 않는다. 과거에 성공 경험이 많은 리더는 그 성공의 기억 때문에 원인을 더 외부에서 찾으려 한다. '성공의 저주'이다. 과거의 상황과 지금의 상황이 변한 것은 인식하지 못하고 지금 곁에 있는 사람들에 대한 의심을 먼저 하니 말이다.

의심의 강도는 강해지고 의심을 표현하는 방식도 점점 거칠어진다. 자신의 의심에 찬성하는 사람만 믿고 반대하는 사람은 모두 적으로 돌린다. 결국 의심 많은 리더의 비위를 맞추는 사람만 곁에 남는다. 그들은 과분한 권력을 사유화하고, 도리어 진실을 말했던 사람들은 억울한 '주홍 글씨'를 목에 달고 조직을 떠난다. 이 순간 의심 많은 리더는 심리적인 안정감을 누리겠지만, 알고 보면 조직의 상황은 최악으로 달려가고 있다. 진정으로 조직에 필요한 사람은 사라지고 리더의 의심을 추종하고 숭배하는 사람만 남아 있는 것이다. 그럼에도 불구하고 의심 많은 리더는 제대로 원인을 파악하지 못하고, 숭배자들에게 떠난 사람들에 대한 분노를 토해낸다. 벌거벗은 임금님이 따로 없다.

이상은 의심 많은 리더의 부정적인 면을 탐색적으로 살펴본 것이므로, 구성과 논리에 있어 한계가 있는 게 사실이다. 그러나 요즘처럼 리더들이 실패에 대한 두려움과 염려가 큰 상황에선 리더의 두려움과 염려가 의심을 키우는 배경이 될 수 있기에 의심이 많은 리더의 특징을 이해하고 주의할 필요가 있다.

그렇다면 의심 많은 리더가 불필요한 의심을 줄이면서 좋은 사람을 잃지 않는 방법은 없을까? 당연히 있다. 올바른 리더십의 원천인 '신뢰'를 회복하는 것이다. 의심은 신뢰 결핍의 다른 표현이다. 물론 조직에 늘 좋은 사람만 있는 것은 아니다. 리더가 아무리 잘해도 배신에 가까운 행위를 하는 사람도 있고 처음과 달리 변질되는 사람도 있다. 그러나 한 명의 나쁜 직원 때문에 생긴 편견을 다른 직원들에게 동일하게 적용하여 의심을 하는 건 좋은 자세가 아니다. 우선 올바른 인재를 뽑는 것이 무엇보다 중요하고, 이들에게 리더와 조직에 대한 신뢰를 심어주어 불필요한 의심으로 인한 저주를 피하는 것이 바람직하다.

좋은 조직에는 좋은 문화가 있고, 좋은 문화는 좋은 신뢰로 사람들을 연결해준다. 그 가운데 리더가 있어야 한다. 리더는 사람과 신뢰 사이에 있어야 본인을 가장 완벽하게 보호할 수 있다. 만약 사람과 의심 사이에 리더가 있다면 해줄 것 다 해주고도 욕만 먹는 불행한 리더가 된다. 리더의 에너지를 의심이 아닌 신뢰에 집중할 수 있어야 리더의 생존도 의심받지 않음을 명심하자.

7

안전한 조직을
떠났을 때를 대비하라

조직에 있을 때는 조직을 떠났을 때를
절대로 알 수 없기 때문에,
현실적 준비에 소홀해진다.

누구나 언젠가는 정들었던 조직을 떠나야 한다. 다만 떠나기 전까지는 이왕이면 안전한 조직에 머물고 싶어 한다. 소위 대기업 혹은 공기업처럼 안전한 조직에 다니는 사람을 행운아로 부르는 게 바로 이 이유다. 그렇다면 안전한 조직에 다니면 모든 것이 안전할까?

일부는 맞는 말이기도 하지만 그렇지 않은 경우도 있다. 안전한 조직이 제공하는 '안전하지 않은 혜택'을 맹신했다가 낭패를 볼 수도 있기 때문이다. 특히 안전한 조직에 의존하여 아무 준비도 하지 않던 리더는 조직을 떠난 후 생각지도 못한 위기에 직면한다. 왜 조직이 주는 안전함만 믿고 살다가, 아무 준비도 없이 빈손으로 조직을 떠나는 리더들이 있는 것일까? 조직의 생존과 개인의 생존은 별개라는 사실을 잊어버리고 말이다.

그 이유를 살펴보자. 조직에 헌신했던 리더가 조직을 떠난 후 좌절하지 않고 의미 있는 미래를 준비하는 데 도움이 되었으면 한다.

첫 번째 이유, 월급이 한 번도 밀려본 적이 없다. 일에 지친 직장인을 그나마 지탱하는 것이 바로 매달 꼬박꼬박 들어오는 월급이다. 많지는 않아도, 월급이 제때 들어오면 계획했던 모든 것을 별 탈 없이 추진할 수 있기 때문이다. 참 고마운 월급이다.

그러나 개인차는 있겠지만, 오랜 세월 월급에 의존하다 보면 규칙적인 수입이 단절되었을 때 닥쳐올 후폭풍을 예상하지 못하는 경우가 많다. 퇴직 후에 지출은 큰 변화가 없는데 수입만 불규칙적으로 바뀌면 생각보다 생활을 해나가기가 힘들어진다. 특별한 재테크를 따로 챙겼던 리더가 아니라면 월급의 중독성에서 자유로울 수 없다. 미리 준비해두지 않았다면, 월급의 금단현상은 급격한 불안감을 몰고 온다. 겪어본 사람만이 아는 힘겨움이다.

따라서 금융 관련 상품이나 자금 플랜에 대한 지식과 정보를 미리 잘 배워둬야 한다. 물론 당장 경제적 여유가 없어 금융 관련 소식에 관심을 갖기 어려울 수는 있다. 하지만 퇴직 후 수입원을 마련할 방법은 금융 외에도 많으니 보다 적극적이고 다양한 방면에서 준비를 하자. 미래 대비 투자금이 없다면, 적은 돈이나마 지속적으로 벌수 있는 개인적 역량을 점검해야 한다. 피할 수 없다면, 피하고 싶은 일부터 대비해야 후회를 줄일 수 있다.

두 번째 이유, 지난 수십 년간 한 분야에 집중할 수 있었다. 오랜 세월한 분야에 최선을 다해온 전문가는 존경받아 마땅하다. 본인의 의지가 아닌 조직의 이유와 논리로 결정된 업무를 오랫동안 수행해왔고잘했기에 보람도 크다. 조직에 기여할 만한 성과도 올렸을 것이 분명하다. 그런데 조직에 있을 때 한 분야에 지나치게 집중하다 보면그 일만 하려 하거나 그 일만 잘하게 될 수 있다. 하던 일을 반복하면 단련이 되고 단련이 반복되면 숙련이 된다. 숙련이 반복되면 익숙해지고 익숙해지면 길들여지기 쉽다. 자칫하면 하던 일 외에는 해본 일이 별로 없거나, 할 수 있는 일들이 많이 없을 수 있다. 힘겹다고 호소하면서도 익숙해진 일이 어느새 편안해진 것이다. 안전한 조직에 있던 리더는 이직했을 때도 해보지 않은 일 때문에 이동해 간 조직의 구성원들로부터 능력을 의심받거나 경력에 비해 역량 미달이라는 불명예를 얻기도 한다.

물론 오랜 세월 숙련된 지식과 기술로 제2의 인생을 준비한 사람도 있을 것이다. 그러나 그들도 제2의 인생이 기존에 하던 일과 크게 관련이 없는 경우도 많다. 익숙한 일이 익숙하지 않은 일에 대한 알레르기를 일으킨다. 이는 '일의 편식'이다. 깊으면 좁아진다는 점을 잊지 말아야 한다.

과연 내가 '아는 것'과 '할 줄 아는 것'의 차이는 무엇일까? 내가 할 수 있다고 의심 한번 해보지 않은 일 중에서 실제로 혼자 했을 때 못할 일은 없는가? 대답하기 어려운 질문이다. 따라서 지금이라도 본인이 실제로 할 수 있는 일은 어떤 것들이고, 그 일을 독자적으로 수행할 수 있는가를 면밀히 점검해야 한다. 본인이 거쳐온 부서와 했던 일을 단순히 나열하는 허세를 부리기보단 겸손하게 준비해야 한다. 세상은 나에 대해 별 관심이 없다. 남의 눈치를 보고 못하는 일이면서 할 줄 아는 척 나설 필요가 없다. 당당하고 솔직하게 내가 할 수 있는 것과 없는 것을 구분하고, 지나온 세월 동안 축적된 역량을 바탕으로 제2의 인생을 준비해야 한다.

세 번째 이유, 수많은 직원들이 함께했었다. 유능하고 많은 직원을 거느린 리더에게 그 무엇이 부러울까? 조직은 홀로 존재할 수 없고 혼자 생존할 수 없다. 반드시 누군가 곁에 있고 함께 할 일이 있기 마련이다. 직원들 각자가 자신의 역할을 다하는 모습을 보면 리더는 더없이 좋고 뿌듯하다. 물론 리더도 할 일이 있다. 특히나 리더는 직급이 높아지고 직원이 늘어나면, 직접 해야 할 일의 양은 줄어드는 대신 난이도는 높아진다.

그러나 이렇게 모두가 각자의 일을 하며 함께했던 아름다운 시간이 지나고 나면, 리더는 홀로서기에 어려움을 겪는다. 혼자 해본 일이 많지 않은 탓에 혼자 하는 모든 일들이 불편하다. 따라서 조직에 있을 때 리더 스스로 많은 일을 직접 하는 것을 게을리해서는 안 된다. 직원들의 일에 참견하라는 의미가 아니다. 리더 본인이 할 수 있는 일들은 적극적으로 배우면서 일에 대한 감각을 잊어버리지 않도록 하란 소리다. 칼잡이는 어떤 순간에도 칼을 남의 손에 맡기지 않는 법이다. 아무도 리더의 일을 대신할 수 없음을 잊지 말아야 한다. 내가 할 수 없다면 다른 누구도 할 수 없다.

이직을 해도 마찬가지다. 새로운 조직에서는 이동해 온 리더를 끊임없이 따져보고 실험하며 판단한다. 이 과정을 외롭게 이겨내야 한다. 이겨내는 방법은 단 한 가지, 실력뿐이다. 이직하기 전 조직에서 직접 일을 하며 쌓아온 실력으로 이겨내야 한다. 그래야 기회가 있다.

네 번째 이유, 평생을 갑으로 살았다. 조직에 있으면 조직이 내 것 같을 때가 있다. 내가 갑인 기분이 든다. 특히 을을 만나면 갑의 자신감은 배가된다. 대신 을의 마음은 잘 모르게 된다.

사실 애초에 조직은 내 것이 아니다. 주인의식은 주인이 간절한 마음으로 직원에게 부담을 지우는 정신적 책임감이다. 조직을 떠나면 내 것은 없다. 잊히면 그만인 것이 조직이다. 갑의 지위도 사라진다. 그래서 퇴직하면 을로 사는 삶에 익숙해져야 한다. 누구도 도와주지 않고 알아주지도 않는 을에 익숙해져야 하는 것이다. 본인의 의지와 상관없이, 을의 삶은 생각보다 불편하고 불쾌하다. 그동안 을에게 행했던 갑질에 대한 미안함에서 오는 불쾌감이 아니다. 내 것이라 믿었던 갑으로서의 지위가 사라져 슬픈 것이다.

그러니 조직에 있을 때 을의 삶을 연습하자. 상대를 더 배려하고 고려하는 마음, 양보하고 돕는 자세, 반성할 줄 알고 사과할 줄 아는 행동을 연습해야 한다. 미리 연습해야 진짜 을이 되어도 덜 힘들다. 퇴직 후 가장 힘들어하는 점 가운데 하나가 바로 존재감의 상실이라는 걸 보면, 이 연습은 정말로 중요하다.

조직을 떠나면 많은 것과 이별을 해야 한다. 고마웠던 월급, 행복했던 일, 사랑했던 후배들, 그리고 반가웠던 고객에게 작별을 고해야 한다. 이별은 늘 아쉬움과 후회를 안겨준다. 있을 때 몰랐던 의미와 진실도 떠나면 알게 되기 때문이다. 떠난 후 덜 후회하려면 미리 후회하면 된다. 고마운 월급이 사라질 때를 미리 생각하면 지금의 월급이 쥐꼬리로 보이지 않는다. 지긋지긋했던 일이 갑자기 사라져 아무것도 할 일이 없을 때 얼마나 무기력해질지를 상상하면 소홀히 할 수 있는 일은 없다. 늘 곁에 있어 소중한 줄 몰랐던 직원들이 다 사라지고 홀로 남는다고 생각하면 반갑지 않은 직원은 하나도 없다. 조직의 힘에 의지했다가 갑을 관계가 바뀌어 비참한 입장이 될 수 있음을 미리 생각하면 그 누구에게도 겸손해질 수 있다.

세상은 생각보다 내 마음대로 움직이지 않는다. 인생을 오래 살다 보면 알게 되는 사실 중 하나는 다 좋은 것도 없고 다 나쁜 것도 없다는 점이다. 좋은 것은 조금씩 만들어가고 나쁜 것은 조금씩 줄여나가는 것이 지혜다. 조직에 있을 때 조직을 떠날 때를 미리 생각하고 준비하면 덜 후회한다는 점에서, 안전한 조직에 있는 많은 직장인들이 미래를 미리 생각해보고 지금을 더 의미 있게 살았으면 한다.

8

학습된 무력감에서 벗어나라

권한은 없고 책임만 있는 구조에 절망한 리더는
학습된 무력감의 희생물이 될 공산이 크다.

힘겹지 않은 리더는 없다. 조직의 압박은 날로 강해지고 하루하루 전쟁터고 지옥이다. 쉴 곳을 잃은 리더는 의욕이 떨어진다. 인내심은 이미 한계를 넘었고 미래에 대한 걱정도 불안도 이제는 내성이 생겨 아무 생각도 들지 않는다. 조직에 대한 불안감과 직원에 대한 섭섭함을 표현할 용기도 여유도 없다. 말 그대로 없는 것투성이다.

무력감이 무기인 양 버티고 있는 리더를 조직은 무능하다고 해석한다. 그러나 리더는 할 말이 많다. 학습된 무력감이 심각한 수준에 이르렀기 때문이다. 미국의 심리학자 마틴 셀리그만Martin E. Seligman은 '반복된 외부의 부정적 자극에 순응하여 스스로 상황을 헤쳐 나갈 의욕을 잃은 상태'를 **'학습된 무력감**Learned Helplessness**'**이라고 정의했다. 학습된 무력감은 자연적으로 발생하기보다는 조직이 먼저 무례한 압박을 가하거나 의리 없이 약속을 어길 때, 혹은 더 윗자리에 있는 리더가 나쁜 리더십을 발휘했을 때 초래된다. 리더의 오염된 무력감은 또다시 그 아래 직원들에게 전이되어 재생산된다. 그래서 리더의 무력감이 무능함보다 더 무섭다.

리더의 학습된 무력감을 해소할 방법은 없는 걸까? 본인도 괴롭고 직원도 고통스러운 학습된 무력감의 원인이 조직에만 있는 걸까?

리더들은 이미 저항도 해보고 침묵도 해봤다. 협박에 가까운 퇴사 의지를 보이기도 했다. 그러나 조직은 흔들림이 없다. 그게 조직이다. 그렇다고 학습된 무력감을 제공한 조직이 변하기를 무한정 기다리거나 욱하는 마음으로 사표를 던져야 하는지도 의문이다. 리더는 대안이 없다. 대안이 있었다면 진작 버렸을 조직이지만, 현실은 월급쟁이에게 불리하다.

떠날 수 없다면 견뎌야 한다. 그러나 어떻게 견디기는 할지라도, 조직이 나아질 가능성은 전혀 없다면 어떻게 해야 할까? 만약 집에 쌀이 떨어졌다고 가정해보자. 이에 대응하는 방법은 다양하다. 첫째, 쌀이 완전히 떨어지기 전에 쌀을 구하러 나간다. 둘째, 먹는 양을 줄이고 줄어드는 쌀을 구할 방법을 고민한다. 셋째, 움직이면 더 배고프니까 절대 움직이지 않고 아무것도 하지 않는다. 학습된 무력감은 세 번째 경우와 같다. 이도 저도 못하고 고통만 받고 있다. 그러나 대안은 반드시 찾아야 한다. 리더의 학습된 무력감은 엄청난 위험을 안고 있기 때문이다.

첫 번째 위험, 조직보다 리더가 먼저 망가진다. 학습된 무력감의 가해자는 분명 조직이다. 처음부터 무력감으로 조직 생활을 시작하는 리더는 없다. 남보다 잘해서 칭찬도 듣고 싶고 인정도 받고 싶은 것이 당연하다. 그런데 일을 하다 보면 본인의 생각과 달리 억울한 일을 겪기도 하고 참기 힘든 모멸을 당해 잠을 이루지 못하는 경우도 생긴다. 그러면서 본인도 모르게 점차 야비한 판단을 먼저 하게 되고 조직에 대한 적개심도 갖게 된다. 이 과정에서 정신은 복잡해지고 말수가 준다. 어느 순간부터는 그냥 기계적으로 할 일만 하게 된다. 애초에 본인이 무엇을 하는 존재인가를 잊어버리는 것이다. 학습된 무력감의 증세는 이렇게 시작된다. 물론 조직에 들키지 않고 반드시 해야 할 일만 묵묵히 하는 것도 조직에 저항하는 나름의 방법이다. 그러나 가해자인 조직은 영원히 반성하지 않고 피해자는 점점 더 반응이 없어진다는 점에서 이는 리더에게 최악의 습관이나 마찬가지다. 조직보다 본인이 먼저 망가지는 것이다.

두 번째 위험, 직원의 앞길을 막는다. 무력감에 빠져 있는 리더는 어떻게 말하고 행동할까? 개인차는 있겠지만 분명 긍정적인 모습은 아닐 것이다. 학습된 무력감에 빠진 리더의 표정과 행동 그리고 말이 상쾌할 리는 없지 않은가? 무력감 가득한 리더를 보며 직원들은 자신의 미래 모습을 그려보고, 조직을 해석하거나 미래의 비전을 예측한다. 그 모습이 과연 어떨까? 아마 희망적이진 않을 것이다.

희망과 용기를 주어야 할 리더가 본인이 괴롭다고 직원까지 무력화시킨다면 자식을 버리는 부모와 다를 게 없다. 물론 사회에서 만난 직원의 인생까지 리더가 책임질 의무는 없다. 그러나 사회적 약속은 분명 존재한다. 조직이라는 틀 안에서 리더로서의 책임과 역할이 있다. 리더가 무력감을 직원에게 학습시켜 직원의 의지를 오염시킨다면, 리더는 조직보다 더 나쁜 가해자가 된다.

한편으로는 직원 중 무력감에 빠져 있는 리더를 따르지 않겠다고 생각하는 사람도 생겨난다. 무력감에 빠진 리더를 우습게 생각하고 정면에서 저항하는 경우도 발생할 수 있다. 이 정도 상황이면 리더는 조직과 직원들로부터 양면 공격을 받는 셈이다. 학습된 무력감은 그래서 불행한 유산이다.

세 번째 위험, 미래를 준비하는 데 실패하게 한다. 학습된 무력감은 조직을 위해 일하기를 거부하게 만들 뿐 아니라 리더 본인의 미래를 위한 일도 포기하게 만든다. 일을 스스로 나서서 하지 않기 때문에 조직 생활이 지루해지고, 그렇게 시간만 보내다 보니 조직을 떠난 후에는 더 힘들게 살게 된다. 그래서 학습된 무력감의 가장 무서운 결과는 본인을 위해서도 아무것도 하지 않는 것이다.

처음부터 원했던 일은 물론 아닐 것이다. 하지만 미래는 본인의 몫이다. 조직이 개인의 미래까지 챙길 순 없다. 조직 탓만 하다가 정작 본인의 미래를 준비할 시간을 허비한다면 본인만 바보가 된다.

그렇다면 학습된 무력감을 극복할 수 있는 방법은 무엇일까?

첫째, 조직에 대한 막연한 기대감을 버려라. 조직에는 생존의 목표가 있다. 사람보다 목표가 먼저다. 또한 조직에 속한 나는 조직만 바라보지만, 조직은 그 안에 있는 많은 사람을 다 돌봐야 한다. 누구 한 사람만을 위해 해주는 일은 많지 않다. 그 작은 확률에 기대하다가 좌절해서 조직을 원망하고 학습된 무력감에 빠진다면, 그건 의미 없는 저항이자 끔찍한 자해다. 조직이 자신만을 위해 존재해야 한다고 믿으면 학습된 무력감은 예견된 불행이다. 조직은 조직이다. 조직이 나에게 무엇을 해줄 것인가를 고민하지 말고, 조직에서 무엇을 배우고 내 것으로 만들 건 뭐가 있는지를 생각해야 한다. 얻을 것이 있어야 의욕도 생기는 법이다.

월급이라는 눈앞의 이익에만 만족하거나, 승진이 자신이 얻을 수 있는 최종 대가라고 믿는다면 조직이 제공하는 덫에 제대로 걸리는 꼴이다. 길지 않은 인생, 조직에 대한 기대감은 버리고 리더로서 진정으로 학습해야 할 것은 무엇이고 어떤 가치를 따를 것인지 판단해야 한다. 그래야 진짜 조직에서 얻을 수 있는 것이 보인다.

둘째, 직원에게서 희망을 찾아라. 자식 덕을 보겠다는 부모는 별로 없을 것이다. 그러나 자식을 생각하고, 자식에 대한 책임감으로 현재의 힘겨움을 견디며 희망을 갖는 부모는 있다. 조직에서 직원에게 잘해줘서 덕을 보겠다는 리더는 많지 않다. 그러나 조직이 주지 못하는 인정과 존경 그리고 보람을 직원으로부터 제공받을 수 있다.

그래서 직원에게 거침없는 분노를 쏟아내거나 직원을 화풀이의 대상으로 삼지 말아야 한다. 학습된 무력감에 빠져 직원을 등한시하면 그들은 리더를 동정은커녕 염려조차 해주지 않는다. 반면 직원의 성장을 돕고 그들과 협력적 파트너십을 공유하려 노력한다면, 조직에서 얻지 못한 보람을 얻는 동시에 학습된 무력감을 어느 정도 보상받을 수 있다. 고마운 마음을 표현하는 직원은 힘겨운 리더에게 큰 힘이 되기 때문이다.

셋째, 미래를 미리 후회하자. 사실 조직은 목표 달성 외에는 조직 구성원에게 큰 관심이 없다. 조직이 근본적으로 나쁘다는 의미가 아니다. 조직 구성원 모두를 살리기 위해 개개인을 챙기기 힘든 게 조직의 본성이다. 이러한 조직의 특성을 이해하지 못하고 현재의 섭섭함만을 따진다면 본인만 손해다.

인생은 선행학습이다. 현재를 단단하게 다져야 미래를 기대할 수 있다. 그래서 현재는 미래의 희망이고 미래는 현재의 결과다. 조직 탓만 하고 부실하게 현재의 시간을 낭비한다면 미래의 희망은 사라진다. 또한 좋은 미래는 현재의 준비 여부에 따라 결정된다. 학습된 무력감으로 현재를 무의미하게 살면 미래의 삶은 불투명해진다. 미래를 위해 현재의 시간을 점검하고 챙겨야 한다.

사실 리더의 무력감과 관련해 앞서 말한 분석과 해법들은 전적으로 필자 개인적인 생각이다. 그러나 분명한 사실은, 현재 학습된 무력감에 빠져 있는 리더들이 많고 그들에게 관심이 필요하다는 것이다.

3장

—

리더와 직원이 상생하는 길

리더는 홀로 존재할 수 없고 직원도 홀로 나아갈 수 없다. 리더와 직원의 사이는 끈끈한 결속과 소통으로 유지된다. 그러나 변화하는 세상 속에서 요즘의 직원들은 더 이상 조직에 의지하지 않으며 리더를 맹신하지 않는다. 대신 개인의 분야에 에너지를 할애한다. 그런 직원들을 이전과 같은 방식으로 다그칠 것인가? 현재의 조직 환경 속에서 직원을 동기 부여시켜 함께 성장하기 위한 방법은 무엇일까?

1

'완장 효과'를
조심하라

누구나 능력만큼의 교만을 갖게 된다.
그래서 리더는 자기 관리에
심혈을 기울여야 한다.

부러울 것 하나 없던 리더가 갑작스레 몰락하는 일이 있다. 뛰어난 재능으로 온갖 장애물을 극복하며 성공했음에도 불구하고 자신의 의지와 상관없이 몰락했다면 너무나 억울한 일이다. 왜 그토록 유능한 리더임에도 몰락의 기척을 미리 알아채지 못하고 예방할 수 없었을까? 보통 리더가 몰락하는 원인은 예기치 못한 치명적인 적敵을 만났기 때문이지만, 리더 스스로 교만에 빠져 몰락하는 사례도 적지 않다.

인간은 재능이 뛰어난 만큼 교만의 유혹에 빠질 확률도 높다. 그 유혹 가운데 하나가 '완장 효과'다. 학술적인 표현은 아니지만 주변에서 어렵지 않게 발견할 수 있는 익숙한 현상이다. 그렇다면 왜 잘나가는 리더가 완장 효과의 유혹에 빠져 몰락하는 걸까? 그 이유를 생각해봤다.

첫 번째 이유, 지나친 성취 욕구가 있다. 누구나 목표 달성을 위해 몰입한다. 몰입 자체는 아름답다. 삶의 원동력이 되기 때문이다. 그러나 목표에 대한 지나친 성취 욕구는 목표만 보이게 하여 시야를 좁힌다. 그러면 정서적 편식이 생긴다. 목표라는 결과에만 집착하여 과정은 소홀히 하기 쉽기 때문이다. 예를 들어 편집증적 자기 관리,

철저하게 의도된 이기주의, 실패는 곧 죽음이라는 절박함 등이다. 소위 '출세 지상주의'라는 지나친 성취 욕구는 자기 성공 외에 그 어떤 것에도 관심을 두게 하지 않으며, 방해가 되는 모든 것을 적대시하게 만든다. 이렇게 한번 변질된 리더의 성취 욕구는 절제되지 못하고 치유하기 어렵다는 점에서 질병에 가깝다. 앞만 보다 뒤에 다가온 위험을 감지하지 못하는 것이다.

두 번째 이유, 비굴한 직원들이 곁에 있다. 잘나가는 리더 곁에는 좋은 직원도 있지만 떡고물을 기대하며 비굴하게 붙어 있는 직원도 있다. 비굴한 직원은 잘나가는 리더의 교만에 불을 붙이고 자기 환상에 빠지는 데 한몫을 한다. 리더가 잘나갈수록 비굴한 직원의 수도 많아진다. 그러면 좋은 직원들은 희생을 당하고, 리더의 곁을 떠난다. 결국 직원의 몰락은 리더의 몰락으로 이어진다. 리더가 몰락한 순간 비굴한 직원은 곧 배신한다. 얻을 것이 없기 때문이다. 이 배신은 예견되어 있었지만 리더만 예측하지 못하고 있을 때가 많다. 비굴한 직원이 제공하는 안락함이 문제다. 리더는 비굴한 직원과 함께하면 못 할 일이 없다고 착각한다. 그렇게 비굴한 직원의 찬사에 영혼을 팔아버린 리더가 치를 희생은 바로 판단력 상실이다. 그래서 상황을 오판하고 곧 닥쳐올 후폭풍에 대비하지 못하게 된다.

세 번째 이유, 베푼 것에 집착한다. 온전히 혼자의 힘으로 성공하는 사람이 과연 몇이나 될까? 누구나 누군가에게 은혜를 입으며 성장하기 마련이다. 그런데 세상이 변하듯이 사람도 변한다. 처음에는 고마운 마음에 자신이 받은 은혜를 잊지 않으려 최선을 다하다가도, 일단 성공을 하고 나면 그 사람이 자신의 약점을 잘 아는 사람으로 인식하는 경우가 있다. 은혜를 망각한 것은 아니지만 불편한 것이다. 불편하면 멀리하게 되고 멀어지면 은혜도 잊힌다. 반면에 자신이 베푼 은혜에 대한 집착이 상대적으로 커지는 경우도 있다. 성공할수록 주변인을 의심하게 되고 그들의 충성심을 실험하고 싶어지는 것이다. 그러다 보니 섭섭함을 참지 못하고 분노를 쉽게 노출하며 직원을 차별한다. 부정적 양심의 표현일지도 모르겠다. 어쨌든 받았던 은혜를 저버린 만큼, 결말은 스스로를 고립시켜 자기의 감옥에 혼자 남는 일뿐이다. 혼자 외치는 리더십을 따를 어리석은 직원이 없어지면 리더는 선택할 기회도 없어진다.

네 번째 이유, **성공 경험이 주는 자기 과신이 리더의 주의력을 상실하게 한다.** 리더가 완장 효과에 빠지는 또 다른 이유는 경쟁이 없거나 성공 경험에 대한 자기 과신 때문이다. 잘나가는 리더는 보통 경쟁을 통해 성장하고 경쟁에 승리하며 자신감을 키운다. 그러나 세상에 영원한 것이 어디 있겠는가? 늘 조심하고 또 조심해야 하는 것이 세상이다. 잘나가는 리더를 경계하고 반격의 기회를 노리는 경쟁자는 한둘이 아니다. 자기를 너무 믿으면 경쟁자에 대한 주의력이 떨어지고 다음에는 세상에 대한 두려움이 사라진다. 그러면 새로운 도전에 대한 주의력도 떨어지기 마련이다. 이 정도 상황이면 눈앞에 닥친 위험을 알아채는 데도 당연히 실패한다. 세상을 우습게 본 대가는 가혹하다. 돌이킬 수 없는 위험을 리더 혼자 고스란히 감당해야 한다. 주의력이 회복되는 순간은 모든 것이 회복 불능일 때이다.

다섯 번째 이유, 두려움 없는 지배 욕구가 넘친다. 완장 효과의 무서운 증상 중 하나는 사람에 대한 경외심을 잃는다는 점이다. 경외심이란 '공경하면서 두려워하는 마음'이다. 리더가 너무 잘나가다 보면 자신보다 힘이 약한 사람을 함부로 대하는 경우가 발생할 수 있다. 언제나 자신만 옳고 특별하다고 생각해, 타인의 복종과 양보는 당연한 일로 치부하게 된다. 그런 리더는 누구도 환영하지 않는다. 이러한 잘나가는 리더의 두려움 없는 지배 욕구는 주변의 모든 사람에게 적개심을 심어줄 수 있다. 겉으로는 평화로워 보여도 핀 뽑힌 폭탄처럼 언제 터질지 모르는 상황이다. 특히 리더가 자신의 약점이나 트라우마를 감추려는 심리로 타인에 대한 멸시와 지배 욕구를 표출한다면, 관계 회복은 불가능하다. 약한 모습을 들키고 싶지 않은 나머지 더욱 잔인하고 위선적인 행동을 하게 되기 때문이다.

이처럼 완장 효과는 잘나가는 리더의 정신적 면역력을 떨어뜨리고 스스로에 대한 방어 체계를 무너뜨린다는 점에서 반드시 경계해야 한다. 그렇다면 잘나가는 리더가 완장 효과를 예방할 수 있는 방법을 무엇일까? 완장 효과를 불러오는 요인을 잘 알고 피하고자 하면 어느 정도 예방이 가능하다.

첫 번째 예방법, 초심을 기억할 수 있는 상징물을 품고 다녀라. 힘겨웠던 시절을 기억할 수 있는 상징물은 사람을 정화해주고 겸손해지도록 돕는다. 이것들을 잘 보이는 곳에 두고 평소에도 어려웠던 시절을 되새기며 자신을 점검해보자. 사람의 두뇌는 소위 '선택적 지각'을 할 줄 안다. 그래서 자극이 될 만한 상징물을 보면 당시의 감정과 각오를 잠시라도 회복할 수 있다.

두 번째 예방법, 반대자를 곁에 두어라. 반대자는 피곤한 존재다. 그러나 리더의 균형감을 유지해줄 수 있는 좋은 약이기도 하다. 잘나가는 리더 곁에 비굴한 직원만 있다면 이들은 온갖 악영향을 가져온다. 예를 들어, 듣기 좋은 말만 하고 불편한 진실은 말하지 않거나리더의 잘못된 소신을 맹목적으로 따르기만 한다. 또한 다른 사람과의 건강한 관계를 차단하며 리더의 고립을 가속화시키고, 막연한 낙관주의로 리더의 판단을 흐리기도 한다. 입에 좋은 것이 병을 불러오고 입에 쓴 것이 약이 될 수 있음을 알아야 한다.

세 번째 예방법, 받은 은혜는 바위에 새기고, 베푼 은혜는 모래 위에 새겨라. 베푼 것에 집착하다 보면 서운함은 곧 미움으로 변하기 마련이다. 자신이 입은 은혜는 잊어버리고 베푼 은혜만 생각하면 주변 모든 이가 다 섭섭한 사람일 뿐이다. 그리고 베푼 은혜를 먼저 생각하면 자신만 보인다. 입은 은혜를 먼저 생각해야 남도 보이는 법이다. 따라서 남의 성품을 평가하기 이전에 자신의 성품을 성찰하는 시간을 가지자.

네 번째 예방법, 이룬 것은 언젠가 사라질 수 있음을 인정하라. 권불십년權不十年이라고 했다. 누구나 영원한 권력을 누릴 수 없다. 중국 명나라 홍자성의 《채근담》 '전편 109장'에 다음과 같은 글이 있다. "늘그막에 생기는 질병은 모두 젊었을 때 불러들인 것이고, 쇠한 뒤에 생기는 재앙은 모두 성했을 때 지어놓은 것이다. 군자는 그런 까닭에 가장 성했을 동안에 미리 조심해둔다." 되새겨볼 만한 교훈이다. 권력은 배경일 뿐이다. 배경이 사라지면 나만이 남는다. 이 견디기 힘든 현실을 버티려면 배경과 자신을 분리하여 생각할 수 있어야 한다.

다섯 번째 예방법, 사람에 대한 경외심을 가지자. 약한 사람은 있어도 참는 사람은 없다. 배고픈 것은 참아도 배 아픈 것은 참지 못하는 것이 사람이다. 요즘은 리더의 거만함을 외면하지 않고 저항한다. 예전처럼 잘난 사람을 동경만 하는 순진한 사람은 없다. 사람이 무서워졌음을 잊지 말아야 한다. 사람에 대한 근본적인 경외심을 외면하고서 그들의 존경과 추종을 구하기란 불가능해졌음을 명심하자.

이상과 같이 잘나가는 리더가 완장 효과에 빠지는 이유와 예방에 대하여 살펴봤다. 이유에 비해 예방은 실행하기 더욱 어려워 보인다. 잘나가기도 어려운 판국에 리더가 완장 효과까지 예방하기란 쉽지 않으니 말이다. 그러나 한번 완장 효과에 빠지면 헤어나기 어렵다는 전제를 생각해보면, 완장 효과를 예방하는 데 집중하는 게 더 낫다는 걸 알 수 있다. 어렵게 얻은 완장을 오래 차보지도 못하고 남들의 조롱거리만 된다면 너무 억울하다. 《채근담》의 글귀를 다시금 생각해봐야 하는 이유다.

리더의 길

2

냉소적 방관자를
예방하라

냉소적 방관자는 갑자기 탄생하지 않기에,
다양한 관점에서 원인 진단이
선행되어야 한다.

미국 하버드경영대학원 존 코터John Kotter 교수는 40년간 데이터 분석을 통해 조직 변화에 실패한 기업들 중 7할의 원인이 무관심한 방관자들이었다고 결론 내렸다. 수용하는 20%와 저항하는 20% 외 60%의 방관자들이 조직 변화의 걸림돌이라는 것이다.

조직의 이익은 개인의 이익을 넘지 못한다. 조직의 이익이 타당하다 할지라도 개인적 손해를 감수해야 한다면 누구든 비겁해질 수 있다. 개인적 이익을 먼저 챙기는 사람을 무작정 비난할 생각은 없다. 그러나 대안 없는 비난과 염치없는 불만 표출, 그리고 도가 넘는 뒷담화를 습관적으로 반복하는 냉소적 방관자는 반드시 제거되어야 한다.

냉소적 방관자는 갑자기 출현하지 않는다. 조직에서의 경험이 부정적이라면 누구든 냉소적 방관자가 될 수 있다. 따라서 냉소적 방관자의 출현 배경과 대응 전략에 관해 조직 차원, 리더십 차원, 개인 차원으로 구분해 살펴보고자 한다.

먼저 조직 차원에서 냉소적 방관자의 출현 배경을 살펴보면 다음과 같다.

조직 공정성 실패. 동물행동학자인 프란스 드 발Frans De Waal은 실험을 통해 원숭이도 먹이를 공정하게 제공하지 않으면 불만 행동을 표출한다는 것을 보여줬다. 원숭이도 이러한데 사람이라고 차별을 좋아할 리가 있을까? 조직의 공정성이 무너지면 직원들의 신뢰도 무너져 냉소적 방관자가 나타날 수밖에 없다.

자부심 결여. 직원들에게 자부심을 심어주면 애사심은 절로 나온다는 말이 있다. 조직의 긍정적인 사회 평판과 조직문화는 직원들에게 조직 자부심을 심어주는 강력한 동인이 된다. 조직의 대외 명예가 실추되었거나 조직문화가 건강하지 못하다고 생각하면, 직원들의 애착과 기대감도 떨어질 수밖에 없다. 게다가 대안마저 없다면 조직의 모든 것이 불만 사항이 되어 결국 직원들은 냉소적인 방관을 자행하게 될 것이다.

다음으로 리더십 차원에서 냉소적 방관자의 출현 배경을 살펴보면 다음과 같다.

리더의 방치. 버릇없는 자녀는 부모의 방치가 원인인 경우가 많다. 냉소적 방관으로 일관하는 직원 역시 리더의 방치가 원인일 수 있다. 조직에서 많은 시간을 함께 보내는 리더가 직원에게 얼마나 관심을 갖고 개입하는가는 직원의 의식과 행동에 많은 영향을 미친다. 사전 통보 없이 냉소적 방관자로 돌변하는 구성원은 드물다. 리더에게 불편함을 피력하고 도움을 요청했지만 리더로부터 아무런 피드백이 없기 때문에 침묵 혹은 보복성 회피로 서운함을 되갚고자 한 경우가 대부분이다. 즉, 기대할 것 없는 리더를 더 이상 존중하지 않는 것이다. 직원은 리더를 통해 조직을 해석한다. 그러니 리더가 미우면 조직도 미워지는 법이다.

리더의 갑질. 리더의 갑질은 직원의 분노를 낳고, 직원의 분노는 조직에 대한 저항으로 이어진다. 진화된 저항은 종국엔 조직을 공격하려는 행위로까지 이어질 수 있다. 이러한 행위 가운데 하나가 바로 냉소적 방관주의다. 이 때문에 리더의 갑질은 바보 같은 월권행위에 지나지 않는 것이다.

마지막으로 개인 차원에서 바라본 냉소적 방관자의 출현 배경을 보자. 개인 차원에서 냉소적 방관자가 나타나는 경우는 개인의 성격과 성향이 원인인 것이 많지만, 다음과 같은 두 가지 원인이 영향을 준 경우도 있다.

양심 없는 이기심. 조직에서 얻은 것보다 빼앗긴 것이 더 많다는 생각이 든다면 누구라도 조직이 미워 보일 수밖에 없다. 그러나 조직은 다양한 사람들이 모여 공동의 목표를 추구하는 곳이다 보니, 누군가는 의도치 않게 손해를 보기도 한다. 그래서 조직 생활을 하면서 억울한 일을 겪어보지 않은 사람이 없는 것이다. 이렇게 손해를 보면, 손해에 지나치게 민감하게 반응해 조직에 조금도 양보하지 않으려는 사람도 있기 마련이다. 절대로 조직에 양보하지 않으려 하는 이런 태도는 결국 냉소적 방관자로 귀결될 뿐이다.

무능함의 변명. 자신의 무능함을 솔직히 드러내는 사람은 많지 않다. 오히려 무능함을 감추고자 핑계를 찾는 사람이 더 흔하다. 이렇게 무능함을 감추려는 사람들은 쉽게 냉소적 방관주의에 빠진다. 더불어 같은 성향의 동지까지 확보하게 되면 서로의 무능함을 어렵지 않게 감춰줄 수 있다. 냉소적 방관자가 아니라 정의로운 양심가처럼 행동하면서 말이다.

이렇게 다양한 원인에서 출현하는 냉소적 방관자를 어떻게 해야 더 이상 양산하지 않을 수 있을까? 혹은 냉소적 방관자로 돌변한 직원에 대해 조직과 리더는 어떤 대응 전략을 세워야 하는가? 냉소적 방관주의를 근원부터 개선하는 방법을 함께 고민해보자.

'조직 차원'에서 조직의 공정성을 강화한다. 조직 내 공정한 경쟁을 보장하고, 충분한 정보와 증거를 바탕으로 합리적인 의사결정을 할 수 있도록 제도화해야 한다. 우선은 원칙과 기준을 설정하고 공유한다. 그리고 이에 따라 조직의 일이 처리되도록 한다. 또 조직에 자부심을 키울 수 있도록 조직문화를 점검하고 개선하는 과정도 필요하다. 경영자의 의지와 신념이 강력히 요구되는 부분이다.

'리더십 차원'에서 임원과 팀장급의 리더십을 강화한다. 일단 직원보다 자신을 우선시하는 리더가 없는지부터 점검해야 한다. 그리고 직원이 조직에 몰입할 수 있도록 리더들의 리더십을 강화해야 한다. 리더의 갑질은 절대 금물이다. 직원이 마냥 참던 시절은 갔다. 영리해진 직원들을 바보 취급하면 리더가 먼저 바보가 된다는 걸 명심하자.

'개인 차원'에서 냉소적 방관자 스스로 반성한다. 세상의 변화는 조직만의 몫이 아니다. 와튼스쿨(미국 펜실베이니아대 경영대학원) 조직심리학 교수인 애덤 그랜트Adam Grant는 《기브 앤 테이크Give and Take》라는 책을 통해 '주는 자'의 지혜를 설득력 있게 제시했다. 냉소적 방관자는 주는 자의 긍정적 이상을 학습하고 깨달을 필요가 있다. 손해 보려는 사람은 아무도 없다. 이기심을 우선하면 작은 손해는 피할 수 있지만 큰 손해를 피할 수 없다는 걸 조직 구성원들은 알아야 한다. 진정으로 자신의 지속 발전과 성장을 위한 길이 무엇인가를 확인하자.

냉소적 방관자는 어쩌면 조직이 만들어낸 피해자일지도 모른다. 순수했던 직원이 냉소적 방관자로 전락하는 계기를 조직이 먼저 제공하고 리더가 방관했다면, 조직과 리더가 가해자이다. 냉소적 방관자를 적대적 인물로만 치부하지 말고 조직과 리더가 먼저 변하는 모습을 보이자. 그러면 냉소적 방관자도 정상적인 직원으로 되돌아올 것이다.

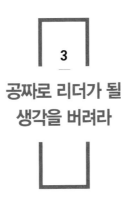

3

공짜로 리더가 될
생각을 버려라

세상에 공짜는 없다.
점점 더 각박해지는 현실에서,
리더는 공짜로 안전함을 취할 수 있을 거란
믿음을 버려야 한다.

실패할까 두렵고, 책임질까 두렵고, 욕먹을까 두려운 리더가 얼마나 많을까? 그들은 조직에서 위험해지는 것보다 차라리 바보 소리를 듣는 게 더 낫다고 생각할 것이다. 그런데 정말 그렇게 하면 안전하게 살 수 있을까?

세상에 있을 것만 같은데 없는 것이 '공짜'라고 한다. 공짜는 어쩌면 모든 사람들의 바람일지도 모른다. 그런데 우리가 공짜라고 믿는 것들은 대부분 위험한 결과를 초래한다. 리더 역할에서도 마찬가지다. 힘겨운 현실을 공짜로 벗어나 보려는 심리는 무임승차하는 리더, 회피동기가 강한 리더, 무기력한 리더를 양산한다.

공짜를 아무리 간절히 원해도 공짜로 리더십을 살 수는 없다. 언제까지 리더의 역할을 피할 수 있고, 어디까지 리더의 책임을 피할 수 있겠는가? 막연히 공짜를 바라는 리더가 아닌, 미래를 준비하는 리더가 되기 위해 공짜로 리더십을 살 수 없는 이유와 그 대응 방안에 대해 고민해보자. 먼저 조직에서 리더가 공짜로 안전해지기 어려운 네 가지 이유를 살펴보자.

첫 번째 이유, 조직이 야박해졌다. 이제 조직은 몸값은 높은데 밥값을 못 하는 리더를 더 이상 용서하지 않는다. 나이가 많다는 것만으로도 버림받을 이유는 충분해졌다. 가슴 아프고 가혹한 현실이다. 그만큼 용서가 없고 냉정한 것이 조직이다. 단 한 번의 실수도 허용되지 않는다. 이제는 인맥도 별 도움이 안 된다. 모두가 힘들어서 누군가를 기꺼이 도울 수 없기 때문이다. 예전에는 그래도 인간적인 배려와 의리가 있었고 챙겨주는 고참 직원도 있었다. 그러나 지금은 작은 요행도 공짜도 없다. 눈치만 보며 가만히 있는 걸 가만두지 않는 것이 조직이다. 안전한 계급도 사라졌다. 임원들도 혁신의 직격탄을 맞고 있는 상황, 리더에게 마냥 좋던 시절은 지나갔다.

두 번째 이유, 직원들이 용감해졌다. 요즘 갑질 뉴스로 세상이 떠들썩하다. 갑자기 갑질이 늘어난 걸까? 당연히 아니다. 과거에도 갑질은 존재했다. 다만 드러나지 않았을 뿐이다. 그리고 요즘 시대의 갑질이 과거의 숨겨졌던 갑질과 다른 점은, 갑질의 피해자가 과거에는 무조건 참았지만 지금은 참지 않는다는 것이다. 갑질 피해자 본인도 철저하게 저항하지만, 이 저항을 응원하고 돕는 사회적 분위기도 거세다. 갑질은 가해자가 아니라 피해자에 의해 정의가 내려진다는 점에서 갑질한 리더가 불리해질 공산이 크다. 갑질만 그런 게 아니다. 리더의 무능함과 무기력, 그리고 책임 회피에 대해서도 인내하지 않고 용감하게 저항하는 직원들이 많아졌다. 옛날 사고방식으론 절대 아랫사람을 이길 수 없다.

세 번째 이유, 대안이 별로 없다. 본인의 미래는 본인이 열심히 준비해야 한다. 누구도 도와주지 않으니 외롭고도 독립적인 삶을 살아야 한다. 어쩌면 조직을 나간 뒤의 삶은 풍요롭지 못할 수도 있다. 매달 걱정 없이 입금되던 월급도 단절될 것이고, 본인만이 보유하고 있는 재주도 조직을 떠나는 순간 가치를 잃어버리게 될 것이다. 조직에 길들여진 사람은 조직에 있을 때만 존재감이 살아 있다. 그러나 조직을 떠나면 그냥 잊힐 뿐이다. 따라서 공짜로 장밋빛 미래를 꿈꾸어도 그건 현실이 되지 않는다.

네 번째 이유, 비슷한 처지가 많아졌다. 사람이 불안해지면 비슷한 처지의 사람들과 비교하며 일시적으로 심리적 안정감을 갖고자 하는 경우가 있다. 그런데 이러한 비교는 그 약효가 오래가지 않는다. 근본적인 해결책이 아니란 뜻이다. 두려움이 비슷한 처지에 놓인 사람을 찾게 하지만, 그 두려움은 더 큰 두려움을 안겨줄 뿐이다.

이상의 네 가지 이유로 리더는 공짜로 조직에서 버티기 어려워졌다. 공짜가 없다면 그 어떠한 대가를 치러서라도 적극적인 대응을 해야 한다. 다음과 같이 말이다.

첫 번째 대응, 조직 내 본인의 역할이 무엇인가를 재점검하고 일의 순서를 정하며, 일하는 방식을 변경하여 적극적인 변신을 꾀한다. 퇴직이 얼마 남지 않은 리더라면 퇴직 후의 삶이 두려워 아무것도 하지 않을 것이 아니라, 앞으로의 삶을 준비할 시간이 모자란 것을 두려워해야 한다. 그래야 평생 몸담았던 직장을 떠난 후에도 후회를 덜 하게 된다. 본인만 고생하고 조직만 덕을 보면 억울하지 않겠는가? 따라서 리더는 자신의 역할을 다시금 생각하고, 습관이 된 일의 방식을 바꾸며, 앞으로의 삶을 준비해야 한다. 그렇게 조직 생활을 통해 남길 만한 추억과 의미를 찾아야 한다.

두 번째 대응, 직원을 대하는 방법을 바꿔야 한다. 직원들에게 일만 시키지 말고 그들로부터 배워야 한다. 불치하문不恥下問이란 말이 있다. 아랫사람에게 배우는 것을 부끄럽게 생각하지 말라는 뜻이다. 영어로는 'Reverse Mentoring(역멘토링)'이라고 한다. 리더는 새로운 지식과 정보를 습득하는 속도가 직원보다 못할지 몰라도, 판단력만큼은 더 나을 수 있다. 직원으로부터 배운 것을 판단하고, 그 판단의 결과로 성과를 창출해 직원과 공을 나눈다면 리더에게 꽤 많은 것이 남는다. 직원에게 배운 것을 써먹고 그 과실을 공유만 해도 남는 장사란 의미다.

세 번째 대응, 잘할 수 있는 일을 온전하게 내 것으로 만들어야 한다. 리더는 지난 세월을 헛되게 산 게 절대 아니다. 뭐라도 했을 것이고, 뭐라도 남아 있을 것이다. 체계적으로 정리되거나 단단하게 묶여 있지 않을 뿐, 쓸 만한 능력이 꽤 있을 게 분명하다. 리더는 그걸 모으고 다듬어서 단단하게 만들어야 한다. 먼 길을 가는 사람이 보따리를 단단히 묶는 것처럼, 조직을 떠나기 전에 본인만의 최종 병기를 야무

지게 마련하자. 누구도 본인을 도와줄 수 없다. 심지어 가족도 위로는 될지언정 도움이 안 될 수 있다. 본인의 앞날은 본인이 챙기자.

네 번째 대응, 비슷한 처지의 동료들과 본인을 비교하지 않는다. 비슷한 처지의 동료를 계속 접하면 위험한 판단을 하게 될 수 있다. 80점인 사람은 100명이 모여도 평균 80점이다. 비슷한 처지인 사람만 바라보고 비교하면 안주하기 쉽단 뜻이다. 그리고 먼저 조직을 떠난 선배들도 잘 관찰하자. 그들의 성공과 좌절을 미리 관찰하고 교훈을 얻어야 한다. 그리고 자신의 미래도 상상하고 준비해야 한다. 도토리 키 재듯, 비슷한 처지인 사람들과 비교하는 건 또 다른 회피만 불러올 뿐이다.

모두가 힘겨운 때이다. 미래를 걱정하며 현실을 무기력하게 희생시키거나 '이게 웬 떡이지?' 하고 공짜를 꿈꾸는 사람은 손가락 하나 까딱하지 않고 포부만 키우다 끝나는 사람과 매한가지다. 이제 누구에게도 의지할 수 없고 물려받을 것도 없다면 단순하게 생각하면 된다. '세상에 공짜 점심은 없다'는 믿음으로 스스로 단련하는 것이다.

4

태만한 직원을
감지하라

영리해진 직원들의 행동 유형이
어떻게 진화하는지 감지하지 못하면
리더만 골탕 먹는다.

어느 조직에나 태만한 직원은 있기 마련이다. 태만을 사전에서는 '해야 할 일을 열심히 하지 않고 게으름을 피움'이라고 정의한다. 보통 '사회적 태만Social Loafing' 혹은 '무임승차'라 표현하기도 한다. 태만의 원인에 대한 연구는 많은 편이지만, 태만의 유형에 대한 연구는 드물다.

'태만'이라는 한 단어로 표현되지만 실제로 조직에서 나타나는 태만의 유형은 다양하다. 또 원인도 다양하고 그 결과도 다양하다. 그렇기에 리더는 직원들의 태만을 조직이나 리더에 대한 불만의 막연한 표현으로 취급해서는 안 된다. 태만은 조직의 분위기를 부정적으로 만들 뿐만 아니라 궁극적으로 조직의 성과를 떨어뜨리는 요인이 되기 때문이다.

요즘 직원들은 마냥 순진하지 않다. 더 까다롭고 예민해졌다. 첩첩산중으로, 갈수록 복잡해지고 힘겨워진 조직 환경은 태만의 빌미를 충분히 제공하고도 남는다. 그만큼 태만은 흔해졌고 익숙해졌다. 하지만 사실 이유 없는 태만은 없고, 결과 없는 태만도 없다. 직원들의 태만이 조직 차원에서 비롯되었다면 그 결과 또한 고스란히 조직에 영향을 미친다. 따라서 리더는 다양하고 복잡해진 태만의 유형과 특징에 대하여 면밀히 살펴보고 대처법도 강구해야 한다.

우선 태만의 유형부터 면밀히 살펴보자.

첫 번째 유형, '불만형 태만'. 조직과 리더에 대한 불만 때문에 자신에게 주어진 책임을 의도적으로 소홀히 하는, 가장 일반적인 유형의 태만이다. 이 유형은 처음부터 태만을 자행하지는 않으나, 조직 혹은 리더에 대한 불만이 계속 쌓이면서 점차 나빠진 경우이다. 초반에는 나름대로 고민도 하고 참아도 보았지만, 달리 해법을 찾지 못해 저항하고자 태만을 표출하는 것이다. 불만형 태만은 늘 불만이 가득하니 본인도 괴롭다.

이 유형을 촉발시키는 건 조직의 불공정한 제도나 리더의 무관심과 잘못된 의사결정 등이다. 그리고 주변에 유사한 이유로 같은 불만을 지닌 동조자가 있으면 거기서 정당성을 확보한다. 만약 이 정도의 상황이 되었음에도 리더가 반응을 보이지 않거나 오히려 불만을 조장한다면, 불만형 태만의 강도는 더 심해지고 저항의 표현도 거칠어진다. 경우에 따라서는 조직과 리더에게 깊은 상처를 낼 수 있는 일탈 행위도 거침없이 실행에 옮긴다. 불만형 태만을 일삼는 직원은 일을 하지 않는다는 죄책감보다, 조직과 리더가 자신이 일하지 못하게 만들었다는 생각으로 스스로의 태만을 합리화하느라 많은 시간을 소비한다. 이건 개인에게도, 조직에게도 이익이 없는 불편한 동거다.

따라서 리더는 정기적인 대화로 직원의 불만을 먼저 듣고 공감해야 한다. 또한 사실에 근거한 리더의 의견을 솔직하게 전달하여 설득과 양해를 구해야 한다. 만약 불만의 원인이 리더에게 있다면 먼저 사과할 줄 아는 것이 진정한 리더의 모습이다. 그렇지 않으면 직원들의 불만의 처음과 끝에 리더가 있게 되고, 그로 인해 발생하는 모든 문제는 리더가 전부 감당해야 한다.

두 번째 유형, '교활형 태만'. 조직과 리더의 약점을 핑계 삼아 자신의 태만을 방어하는 유형이다. 교활한 태만을 표출하는 직원들은 외형상으로는 약자처럼 행동하지만, 실제로는 자신의 안락과 회피를 교활하게 즐긴다. 리더가 가장 경계해야 할 유형이다. 그럴듯한 언변과 논리로 주변인들을 설득하고 오염시킨다. 교활한 태만은 영리하고 이기적인 성격의 소유자들이 보여주는 비겁한 자기 보호의 한 행태이다. 항상 자신은 진실만을 말하고 정의로운 용기를 실행하는데, 조직과 리더를 위해 인내하고 있다는 식으로 이중적인 발언을 반복한다. 그러면서도 결코 자신이 손해 보는 저항은 하지 않는다.

교활형 태만을 행하는 사람들은 조직에 도움은 주지 않고 조직의 혜택과 주변인들의 추종만을 획득하고자 하는 치사함도 보인다. 특히 리더가 지나치게 선량하거나 조직의 규율이 느슨하면, 교활한 태만은 하나의 권력이 되기도 한다. 조직과 리더에 대한 두려움이 없으니 거침없이 부정적인 소문과 가십을 퍼뜨리며 조직의 문제점을 끊임없이 파헤치고 혼란을 조장한다. 리더가 교활한 태만을 결코 간과하거나 용서해서는 안 되는 이유가 바로 여기에 있다. 특히나 교활한 태만은 리더의 방관에서 비롯되는 경우가 많기에 리더는 더 예의주시해야 한다.

교활형 태만은 리더에게 잘 들키지 않기 때문에 리더는 심증은 있어도 물증이 없어 지적하지 못하는 경우가 있다. 따라서 다양한 소통 채널을 조성하여 교활한 태만의 증거를 잡은 후 강력한 경고를 내려야 한다. 또는 관련 부서를 통한 공식적인 절차를 동원하여 교활한 태만을 중지시켜야 한다. 그러지 않으면 제2의 교활한 태만들이 무성해질 것이다. 교활한 태만은 또 다른 교활한 태만을 지속적으로 양산하기 때문이다.

세 번째 유형, '회피형 태만'. 이 유형은 조직의 일에 그 어떤 관심도, 애정도 없다. 일단 일은 하지만 그다지 큰 꿈도 야망도 없다. 말 그대로 세상 모든 일에 무관심한 태만이다. 정말 이런 직원이 있을까 싶지만 의외로 많다. 이 유형의 직원들은 조직에서 일하며 사는 인생이 목표가 아니다. 그냥 자신만의 세상을 즐기거나 준비하는 게 더 중요하다. 그래서 이들은 절대 먼저 나서서 일을 추진하지 않고 되도록이면 회피하려 한다. 남 좋은 일은 근본적으로 거부하는 것이다. 나쁜 사람이라고 못 박기에는 애매하지만, 지극히 개인적이고 주어진 일만을 겨우 하며 시간을 보낸다는 점에서는 비난의 여지가 있다. 회피형 태만은 기쁠 것도 없고 보람도 없는 직장 생활을 하면서도, 지극히 개인적으로 선호하는 일에 대해서는 집중한다. 특별한 취미 생활에 심취해 있으며, 조만간 조직을 떠나 자신만의 자유로운 생활을 고대하며 하루하루를 흘려보낸다.

조직 내 관계에 있어서도, 회피형 태만은 남들에게 큰 피해를 주거나 의도적으로 나쁜 영향력을 행사하려 하지는 않는다. 그렇다고 남을 돕거나 먼저 다가가는 법도 없다. 철저하게 자기 일 외에는 무관심하다. 조직에서 불만을 표출하거나 개인적인 의견을 강하게 제시하는 일도 없어, 대개 내성적인 성격으로 인식되어 투명인간처럼 살기도 한다. 리더도 있는지 잘 알아채지 못할 정도이다.

회피형 태만은 너무 조용해서 조직에 그리 폐를 끼치지 않는 것처럼 보인다. 그러나 아무것도 하지 않으려는 자세 자체가 문제다. 모두 각자의 역할을 제대로 해내야 조직이 잘 돌아간다. 몰래 숨어서 시간만 낭비하는 사람이 있다면 결국 조직의 자원이 낭비되는 꼴이다. 회피형 태만은 리더의 관심이 중요한데, 그냥 관심이 아니라 명확한 목표를 주고 엄격하게 평가하고 점검하는 등의 관리를 반드시 해줘야 한다. 이들은 결코 멀리 두면 안 된다. 멀리 두면 절대로 먼저 다가오지 않고, 조직에 도움이 되는 일을 나서서 하지 않기 때문이다.

이상 세 가지 태만의 유형 외에도 좀 더 다양한 유형이 존재한다. 모두가 불안하고 피로감이 높으니 당연하다. 직원들뿐 아니라 까다로운 직원들을 모시고 실적까지 챙겨야 하는 리더도 마찬가지다. 어쩌면 리더들은 직원들만큼이나, 아니 그들보다 더 태만해지고 싶은 욕구가 강할지도 모른다. 어쨌든 직원들의 태만을 외면한 리더가 생존할 가능성은 없다. 태만한 직원에 대한 리더의 감시 비용Monitoring

Cost이 너무 커져서 리더가 생산적인 일에 집중하기 어렵기 때문이다. 안타깝게도 태만을 선택한 직원은 리더를 위해 태만을 절제하거나 철회할 이유가 없다. 그 바람에 리더의 감시 비용은 끝도 없이 투입된다.

결국 태만의 출현을 사전에 최소화하는 노력이 가장 좋다. 직원에게서 태만의 징조가 관찰되었다면 초기에 적극적으로 방어하라. 그리고 동일한 태만이 반복되지 않도록 예방하는 지혜를 기르자.

5

진성 조직을
추구하라

다양한 조건의 조직일지라도,
사람을 움직이는 근본적인 가치와 정서는 존재한다.

지금 우리나라 기업의 우울증은 위험 그 자체다. 리더십 부재와 흔해진 구조조정이 직원들 가슴에 서운함과 불안감을 가득 안겨주고 있다. 리더의 마음도 불편하긴 마찬가지다. 리더와 직원 서로가 섭섭하다. 리더는 누굴 믿고 일해야 할까를 고민하고, 직원들은 누굴 믿고 따라야 하나를 걱정한다. 그렇다고 손 놓고 있을 수도 없다. 앞으로 어떻게 조직을 바로 세우고 지금의 시련을 극복해야 할지 경영자의 고민은 절박하기만 하다.

런던 비즈니스 스쿨의 롭 고피Rob Goffee 교수와 개러스 존스Gareth Jones 교수는 지난 2015년 《왜 여기서 일해야 하는가?Why should anyone work here?》란 책을 통하여 불확실성 높은 시대에 직원들의 몰입을 극대화할 수 있는 해법으로 **진성 조직**Authentic Organization을 제시했다. 일하고 싶은 직장을 만들어야 일 잘하는 직원을 만들 수 있고, 진성 조직을 만들어야 진성 리더를 만들어낼 수 있다는 논리다. 책에는 저명한 인사관리 컨설팅 회사인 에이온휴잇AON Hewitt의 설문조사 결과가 나오는데, 이에 따르면 글로벌 기업에 종사하는 직장인 중 40%는 업무에 몰입하지 못하고 있다고 한다. 좀 더 구체적으로 살펴보면 남미 기업들은 직장인 중에 30%가, 미국 기업은 40%가, 그리고 유럽의 기업은 50%가 자신의 조직과 업무에 몰입하지 못하고 있다. 조직에 대한 직원들의 몰입도 문제는 비단 우리나라만의 문제는 아닌 듯싶다.

고피 교수와 존스 교수는 직장인 대상으로 4년간 인터뷰를 한 뒤, 이를 분석하여 진성 조직을 만드는 'DREAMS' 개념을 창시했다. 그들이 조언하는 'DREAMS' 개념의 핵심 내용만 간략히 공유하자면 이렇다.

Difference '**차별화된 경쟁력을 키울 수 있는 문화를 구축하라!**' 이는 직원 개인의 차별화된 경쟁력을 키울 수 있도록 창조와 혁신을 권장하고 지원하는 조직문화를 구축하라는 것이다. 직원들은 단순히 다양한 경험을 학습하는 것이 아니라 자신의 경력과 역량에 적합한 차별화 요소를 학습하고 성장하기를 원한다. 만일 조직이 이러한 부분을 충족해주면 자신이 이 조직에서 일하는 이유에 대한 확신과 미래의 기대감을 얻는다. 즉, 직원들은 자기 경쟁력을 얼마나 끌어올릴 수 있는가로 조직에 대한 신뢰도를 판단하며, 이러한 판단이 곧 직원들의 몰입 수준을 결정한다.

Radical honesty '**투명한 조직을 만들어라!**' 조직이 어떻게 돌아가고 있는지를 전혀 모르고 있다면 직원들은 얼마나 답답할까? 조직에서 직원들이 가장 힘겨워하는 일 가운데 하나가 바로 조직 상황에 대한 정보가 차단되는 일이다. 소통 장애가 생기면 직원들의 불안감은 커지고, 그만큼 몰입도는 떨어진다. 조직이 어떻게 될지, 그리고 현

리더의 길

재 어떤 상태에 있는지가 궁금해서 일이 손에 잡힐 리 없다. 다양하고 원활한 소통문화를 탄생시킨 SNS이지만, 조직 내부에 소통 장애가 생기면 이 SNS가 오히려 불통을 만든다. 잘못된 정보가 급속히 확산되어 조직에 대한 오해와 불신도 커지기 때문이다. 따라서 조직 내에 다양한 소통 채널을 확보하고 투명한 소통을 진행해야만 한다. 그래야 직원들은 불안을 느끼지 않고 자신의 업무에 몰입할 수 있다.

Extra value '성장 기회를 제공하라!' 조직은 단순히 먹고살기 위한 터전이 아니라 삶의 가치와 자기 성장의 장이다. 이 믿음을 가져야 직원들은 조직과 일에 몰입한다. 특히나 요즘 들어 '성취'보다 '성장'에 대한 관심이 커졌다. 과거처럼 규모가 크다고 매력인 조직이 아니다. 장기적인 관점에서 금전적 보상 외에 다양한 가치를 얻을 수 있는 조직이라야 직원들은 몰입을 한다. 100세 시대를 사는 우리에겐 당연한 이야기다. 따라서 조직은 역량이 뛰어난 직원이 심한 견제를 받거나 따돌림 당하지 않도록 도와 자신의 능력을 충분히 발휘하게 해줘야 한다. 다소 능력이 부족한 직원이 있다면 그들의 능력을 키워주는 직원 계발에 관심과 지원을 아끼지 않아야 한다. 이것이 현실화될 때 직원들은 진정성 있게 일에 몰입한다.

Authenticity '기업의 사명을 일관성 있게 준수하라!' 조직은 직원에게 하나의 간판이고 버팀목이다. 때문에 조직이 추구하는 사명은 조직에 대한 직원의 자부심을 결정하는 중요한 요소다. 자신이 몸담은 조직이 사회적으로 존경받는다는 것 자체가 직원들에게는 몰입의 명분이 되고 용기가 된다. 우리 조직이 왜 존재하는지, 사명에 얼마나 집중하고 실천하는지로 직원들은 조직에 대한 자부심과 신뢰의 수준을 결정한다.

Meaning '일에 대한 의미와 가치를 설명하라!' 눈과 귀를 막고 월급날만 기다리며 일하는 직원은 존재하지 않는다. 직원들은 현재 하고 있는 일이 얼마나 의미가 있으며, 자신의 미래에 얼마나 도움이 되는가에 민감하다. 무작정 일만 해서 조직만 이득이라면 누가 일에 온전히 몰입하겠는가? 어떤 일이든 의미가 없는 일은 지루하고 힘겨운 법이다. 그러나 자기가 하는 일, 자신의 직업에 대해 의미를 찾은 직원은 말 그대로 온전히 일에 빠져든다. 일에 대한 의미를 찾는다는 것이 곧 일에 몰입한다는 뜻인 것이다.

Simple rules '공정하고 일관된 원칙을 준수하라!' 직원들은 불공정한 차별이나 원칙 없는 의사결정을 견디기 힘들어한다. 특히 공정하지 못한 조직문화는 모든 직원들이 조직을 떠나게 하는 이유가 되기도 한다. 조직 내에 불평등과 불공정이 있으면 당연히 분노가 일고 그만큼 업무에 대한 몰입도는 낮아진다.

두 교수가 말한 'DREANS'의 개념을 이 한 꼭지의 글에 모두 담지는 못했다. 아울러 그들의 주장이 만병통치약이라거나 절대적인 해답이라고 단언하지도 않겠다. 그러나 분명한 사실은 직원들의 몰입을 창출하기 위한 조건들이 과거에 비해 까다로워진 것만은 분명하다는 것이다.

리더는 종종 직원들이 몰입하지 않는 건 직원 개인의 양심과 태도의 문제라고 생각한다. 그건 곤란하다. 어쩌면 직원들이 일에 몰입하지 않는 것은 하나의 현상이자 흐름일 수 있다. 변하는 것은 변하는 대로 그런 의미가 있지 않을까? 리더의 입장에서 직원을 동반자라고 인식한다면, 그들의 변화에 화낼 것이 아니라 받아들여야 한다. 그리고 리더가 먼저 진성 리더가 되는 것이 옳다. 또는 진성 조직을 만들기 위해 노력할 일이다. 진성 조직을 만들지 않으면 리더 자신이 많은 시련을 직접 감수해야 할 것임을 명심하자.

하루아침에 'DREAMS'의 메시지를 모두 실현하기는 어렵다. 리더가 처해 있는 상황이나 여유에 따라서 실현의 정도와 시점도 달리 결정될 것이다. 다만 리더가 현재의 위기를 극복하기 위한 하나의 방법으로 DREAMS에 관심을 갖게 되었다면, 하나씩 조심스럽게 설계하고 실험해보는 것이 어떨까 생각한다.

6

'상전' 노릇에
연연하지 마라

하수는 직원들 '위'에 있고,
선수는 직원들 '앞'에 있으며,
고수는 직원들 '옆'에 있다.

모든 것이 불안해진 현실에서 성과는 조직의 생존을 보장하는 유일한 팩트이자 최종 목표다. 그래서 조직은 늘 하위 조직에 목표를 할당하고 담당 리더에게 목표 달성을 촉구하며, 그 결과를 냉정하게 평가한다. 슬픈 말이지만, 리더에 대한 조직의 선택은 성과에 대한 조건부 선택이다. 리더의 성공은 성과로 결정된다. 성과 없는 리더는 설 자리가 없다. 버티면 살아남고, 그렇지 않으면 용서는 없다. 결국 성과는 생존이고 리더의 운명이다.

성과를 주도하는 것은 리더이지만 성과를 수행하는 당사자는 직원이다. 그래서 직원이 목표를 달성하면 1차 수혜자는 리더가 되고 조직은 그다음이다. 만약 직원이 목표 달성에 실패하거나 임무를 회피하면, 1차 피해자는 리더가 된다. 말하자면 리더에게 부하 직원은 상전上典인 셈이다.

분명 과거엔 리더가 상전이었다. 지금도 리더가 상전이라고 우기는 리더들이 있다. 외형상 리더가 상전인 건 맞다. 직원에게 지시도 하고 동기 부여도 하니 그렇게 보인다. 그러나 그 상전 노릇이 사실 예전만 못하다. 조직이 제도적으로 정하고 있는 리더의 직급과 권한은 분명히 존재하지만, 이러한 시스템이 정상적으로 작동하지 않는 경우가 많기 때문이다. 또 리더가 원하는 만큼 직원들이 움직여주지 않기도 한다.

왜 그럴까? 직원들이 시스템만으로 움직이지 않기 때문이다. 즉, 직원을 움직이는 동기 요인이 변한 것이다. 요즈음 직원들은 월급을 바라며 일은 하지만, 사람에게 충성하고 싶어 하지는 않는다. 일하러 회사에 다니는 것이지 상전을 모시려고 다니는 게 아니기 때문이다. 이러한 관점은 이미 일반화되어 있고, 리더들도 잘 눈치채고 있다.

그러나 이런 현실을 부정하려는 리더들이 존재한다. 그들에게 지금 이 상황은 딜레마다. 리더로서 권위는 지키고 싶은데, 직원들이 이를 권위주의로 해석하지 않았으면 한다. 어떻게 해야 할까? 충성하지 않는 직원들에게 충성까지는 아닐지라도 목표만큼은 달성해달라고 애원해야 할까?

그렇다. 그래야 한다. 이미 상전은 역전逆轉되었다. 이 점을 받아들이지 않으면 리더는 고통스러워진다. 직원들은 리더와 달리 저항하는 방식이 영리하다. 출근은 한다. 일도 한다. 그것도 할 일만 한다. 더는 하지 않는다. 충성도 없다. 목마른 사람이 우물 판다고, 결국 리더가 변해야 한다. 직원들이 바뀌었으니 리더도 바뀌어야 한다. 갈등이 많은 조직은 이러한 변화를 거부한 조직이다. 현실을 외면한 대가를 리더만 감당할 수는 없지 않은가? 리더의 생각을 역전시켜야 상전의 역전을 견딜 수 있다.

이 변화를 인정하면 리더에게는 몇 가지 이득이 생긴다.

'책임감 강박증'에서 해방될 수 있다. 리더의 책임은 권한을 초월한다. 지금 시대에는 권한은 줄고 책임은 도리어 늘었다. 리더에게 여유가 없다. 책임감에 대한 강박증이 자리의 높이만큼 차오른다. 때때로 책임감 강박증으로 인해 직원들과 갈등을 겪거나 고립되는 리더도 있다. 겉으로 표현하지는 않지만 책임감 강박증은 리더를 늘 압박한다.

혼자 감당하기 어려운 리더의 책임을 도와줄 구원투수는 과연 누구일까? 바로 직원이다. 그들과 함께하면 리더는 살 수 있다. 성과에 대한 심리적 부담과 결과물에 대한 책임감 강박증에서 해방될 수 있다. 리더가 무엇을 원하고 달성해야 하는가를 함께 일하는 직원들이 모를 리 없다. 심리적으로 고립된 리더가 혼자서 애쓰고 있는 모습을 직원들은 멀리서 바라만 보고 있고, 리더는 이러한 부하 직원들을 원망만 한다면 조직은 성과가 좋을 수 없다. 리더가 앞서가면 곁에서 함께 뛰는 직원들이 있어야 무거운 책임감은 분산되고, 리더의 강박증은 자신감이 된다. 이쯤 되면 누가 상전인지는 중요하지 않다. 직원이 조력자라는 생각은 리더에게 심리적 안정감과 자신감 그리고 실질적 성과까지 가져다준다. 리더가 변심만 하지 않는다면 이 성과는 반복될 수 있다.

'새로운 학습 기회'를 확보할 수 있다. 변하지 않는 것은 선배에게 배우고, 변하는 것은 후배에게 배우라는 말이 있다. 참 맞는 말이다. 조직에 들어가면 세상의 변화보다 조직의 변화에 따라 변하게 된다.

조직이 원하는 능력과 분야에 집중하면서 일에 숙련되고 길들여진다. 그래서 그 일 외의 다른 일은 잘 모르기도 하고 잘하지도 못한다. 리더가 이런 상황에 놓였을 때 직원들로부터 배울 것이 분명 존재한다.

물론 직원들이 리더에 비해 부족한 게 많은 건 당연하다. 하지만 그들에게도 배울 것은 얼마든지 있다. 가끔 리더들 중에는 자신이 무지한 부분을 부끄러워하며 숨기는 이들이 있다. 하지만 모르는 것보다 모르는 것을 잘 숨기고 있다고 착각하는 게 더 부끄러운 일이다. 아마 직원들은 리더가 숨기고 있다는 걸 애초에 눈치챘을 것이다. 직원의 눈에 리더가 얼마나 측은하고 불안해 보일까? 리더도 모르면 물어봐야 한다. 그리고 도움을 청해야 한다.

성과의 '1차 수혜자'가 될 수 있다. 원님 덕에 나팔 불 수 있으면 불어야 한다. 직원들과 심리적으로 교감하고 함께 의논하여 기쁜 마음으로 성과를 이룩하면, 그 1차 수혜자는 리더가 된다. 책임이 큰 만큼 보상도 크고 순서도 먼저다.

못난 리더는 직원들을 감시하고 통제하는 데 감시 비용을 낭비한다. 반면 직원을 상전처럼 모시는 리더는 도리어 직원 덕을 본다. 자신을 상전처럼 대해주는 리더에게 직원들이 기꺼이 성과의 혜택을 양보하기 때문이다. 하수는 직원과 싸우는 데 자신의 에너지와 시간을 허비하고, 선수는 필요할 때 직원을 잘 활용하여 성과를 달성한다. 그리고 고수는 직원도 행복하고 리더 본인도 행복하면서 지속적인 성과를 창출하여 그 혜택을 본인이 가장 먼저 받는다. 과연 누가 제일 지혜로운가?

　이처럼 직원을 상전처럼 여기는 리더는 다양한 이득을 얻는다. 물론 이런 상전 대접을 굳이 안 해도, 실력과 품위로 무장하여 직원의 존경을 받는 리더도 얼마든지 있다. 그런 리더를 보며 직원들이 학습하고 실천하는 이상적인 조직도 존재한다. 그러나 리더의 위상이 위협받고 있는 작금의 현실에서 리더 혼자 광야에 서 있을 수는 없다. 다행히 조직은 리더 혼자만 내버려 두지는 않는다. 직원을 반드시 곁에 붙여준다. 그들은 아군이다. 아군과 각을 세워봤자 리더만 수렁에 빠질 뿐이다.

　성과를 달성하고, 함께하는 직원들이 행복할 수 있다면 직원을 상전으로 모신들 무엇이 문제가 되겠는가? 결국 리더가 살아남는 방법은 누가 상전이든 함께하는 사람들과 같이 성과를 내고, 오랫동안 서로 도우면서 사는 것이다.

7

갑질이 아니라
'배려'에 능하라

리더가 머리를 쓰면 직원은 마음을 닫고,
리더가 마음을 쓰면 직원은 머리를 연다.

선진국과 후진국의 차이는 무엇일까? 선진국은 '약자_{弱者}' 배려에 능하고 후진국은 '강자_{强者}' 배려에 능하다. 그렇다면 선진 기업과 후진 기업의 차이는 무엇일까? 선진 기업은 직원에 대한 '배려'에 능하고 후진 기업은 직원에 대한 '갑질'에 능하다. 즉, 선진 기업은 일하기 '좋은' 일터를 만드는 데 애쓰고 후진 기업은 일하기 '힘든' 일터를 만드는 데 애쓴다.

미국 스탠포드 대학교 경영대학 제프리 페퍼_{Jeffrey Pfeffer} 교수는 선진 기업의 성공 비결이 '인적 자본_{Human Capital}'에 있음을 일관되게 강조했다. 그는 20여 년간 다수의 선진 기업을 대상으로 성공 비결을 분석했다. 그의 연구를 살펴보면, 장기적 성공에 이른 기업들은 공통적으로 경영 상황이 어렵다 할지라도 구조조정이라는 치명적인 극처방에 의존하지 않았다. 오히려 직원들의 고용을 안정화하고 자발적인 몰입을 유도했다. 직원들을 '비용'이 아닌 '투자'의 대상으로 인식하고 이들을 소중한 자본으로 존중했던 것이다. 즉, **기업 성공의 열쇠는 바로 '핵심 인재 개발을 통한 직원들의 창조적 본능을 극대화'하는 것에** 달려 있다. 페퍼 교수는 경영 여건에 따라 변동하는 기술이나 전략보다 기업의 경쟁력을 일관성 있고 지속적으로 확보할 수 있는 대안은 '사람'이라고 말했다.

통계 처리 프로그램 SAS로 유명한 '쌔스 인스티튜트SAS Institute'는 고급 분석 소프트웨어 분야에서 1위인 미국 기업이다. 쌔쓰의 직원들은 늘 회사에 출근하고 싶어 안달이 나 있다고 한다. 이유가 무엇일까? 바로 쌔쓰의 남다른 직원 배려 때문이다. 쌔쓰 사는 만약 직원이 아프다면 무기한 병가를 허락한다. 아울러 직원은 물론이고 직원 가족들까지 회사의 의료 센터를 마음껏 이용할 수 있도록 개방했다. 쌔쓰엔 53명으로 구성된 전속 의료팀도 있다고 한다. 출근할 때 자녀를 데리고 올 수도 있다. 사내 보육 시설이 잘 갖추어져 있어서 문제가 없다. 덕분에 직원들은 자녀들과 점심도 같이 먹을 수 있고, 아이들 걱정에 업무에 집중하지 못할 일도 없다. 그 외에 직원들을 위한 당구장이나 사우나, 다양한 피트니스 센터가 회사 안에 구비되어 있다. 직원 복지와 관련된 일을 하는 정규직 직원만 200여 명에 이른다고 한다.

쌔쓰의 독특한 또 한 가지 특징은 직원들 대부분이 같은 크기의 사무실을 사용한다는 점이다. 당연히 CEO도 같은 규모의 사무실을 이용한다. 이러니 직원들은 자신이 공평한 대접을 받고 있다고 생각할 수밖에 없다. 쌔쓰는 정년이 없어서 고용 불안에 시달리는 사람도 없다. 2008년 글로벌 금융 위기로 미국 내 많은 기업들이 강도 높은 구조조정을 선택했을 때도, 쌔쓰의 짐 굿나이트Jim Goodnight 회장은 단 한 명의 구조조정 없이 직원들을 지켰다.

굿나이트 회장의 인간 존중 경영은 곧 성과로 이어졌다. 쌔쓰 직원들은 굿나이트 회장과 회사를 신뢰하며 더욱 업무에 몰입했고, 그 결과 꾸준한 성장을 해오고 있다. 그래서인지 쌔쓰의 평균 퇴사율은 자연 감소를 포함하여 겨우 2.6% 정도다. 미국 소프트웨어 산업 평균 퇴사율이 22%인 것에 비하면 현저하게 낮은 수준이다. 굿나이트 회장은 '직원들을 믿고 각별히 대해주면 성과는 나오기 마련'이라고 서슴지 않고 말한다. 그는 직원이 신나서 일하면 성과는 자연스럽게 산출된다고 믿었다. 결국 일은 사람이 하는 거니까 말이다.

인간 존중 경영을 거론한다면 결코 빼놓을 수 없는 경영자가 있다. 바로 파나소닉의 마쓰시타 고노스케松下幸之助 회장이다. 마쓰시타 회장은 '직원의 성장이 곧 기업의 성장'이라는 원칙을 지켜왔다. 그는 570여 개 계열사를 거느린 세계 20위권의 기업을 만든 일본 '경영의 신'으로 오늘날까지 존경을 받고 있다. 1929년 세계 공황이 발생하여 많은 기업이 구조조정의 혼란 속에 있을 때에도 마쓰시타 회장은 단 한 명의 직원도 해고하지 않았다. 당시에 일본 기업들은 1,000여 건에 달하는 대규모 노사 분규에 시달리고 있었다. 그러나 구조조정으로부터 자유로웠던 파나소닉 직원들은 회사를 믿으며 일치단결하여 불황을 극복했고, 오히려 지속적인 성장까지 일구어냈다.

마쓰시타 회장은 늘 사람의 중요성에 대하여 강조하며, 직원들이 사명감을 갖고 일에 몰입할 수 있는 기업문화를 만들어갔다. 마쓰시타 회장에 대한 직원들의 신뢰는 매우 확고했다. 제2차 세계대전이 끝난 1946년 11월, 일본에 주둔하던 연합군 총사령부는 군수물자 공급에 참여했던 일본의 기업인을 대상으로 소위 '공직 추방'을 선언하고 많은 경영자들을 강제로 물러나게 했다. 전쟁의 책임을 물은 것이었다. 이 조치 때문에 일본의 많은 기업들은 무력화되었다. 최고 의사결정자의 빈자리는 클 수밖에 없기 때문이다.

그러나 유일하게 파나소닉은 노조가 중심이 되어 마쓰시타 회장 구명 운동에 나섰다. 93%에 달하는 노조원이 탄원서에 서명하고 이를 연합군 총사령부에 제출했다. 당시 패전국인 일본의 입장에서 연합군 총사령부에 탄원서를 낸다는 것은 매우 부담스러운 일이었다. 마쓰시타 회장에 대한 구명 운동은 목숨을 건 도박 그 자체였다. 그만큼 파나소닉 직원들에게는 마쓰시타 회장의 복귀가 절박하고도 간절했던 것이다. 결국 마쓰시타 회장은 1947년 파나소닉에 복귀했다. 자신이 지켰던 직원들에 의해 본인도 지켜진 셈이다.

굿나이트 회장과 마쓰시타 회장은 공통점이 많다. 직원에 대한 배려가 남다르다는 점은 물론이고, 어디에서도 리더의 갑질을 찾아볼 수 없다는 점이 그렇다. 이 두 사례를 보면 결국 직원들은 자신들이 존중받는 만큼 조직에 몰입한다고 결론 내릴 수 있다.

이젠 직원들에게 주인의식을 강조하기보다는 주인부터 제대로 된 주인의식을 가져야 한다. 주인이 주인답지 못한 현실 속에서 주인이 아닌 사람들이 주인의식을 갖기란 불가능하다. 실체가 없는 종교를 믿으라는 것과 다를 바 없다. 그렇지 않아도 지금 우리 사회는 불평등으로 몸살을 앓고 있지 않은가? 부자가 존경받지 못하고 높은 사람이 존경받지 못하는 배경에는 '부자다움'과 '어른다움'이 부족하기 때문이 아닐까?

결국 직원들의 자발적 헌신과 몰입은 리더의 배려에서 비롯된다. 그래서 직원들이 자발적으로 일에 몰입하길 원한다면 '갑질'이 아니라 '배려'에 능해야 하는 것이다.

8

자부심을
먼저 챙겨라

애사심 있는 자부심은 있어도,
자부심 없는 애사심은 없다.

취업하기가 참 힘들다. 그런데 직장인이 되어서도 힘든 건 마찬가지다. 요즘 직장인들의 퇴사 행렬이 이어지는 이유다. 물론 퇴사가 더 좋은 선택이란 보장은 없다. 그러나 지금 벗어나야만 살 것 같다. 남아 있는 사람도 살 것 같아 남는 것이 아니라, 대안도 없고 떠날 용기도 없어 눌러앉아 있는 것뿐이다. 그렇다고 떠난 사람이라고 무조건 속 편하냐 물어보면 그런 것도 아니다. 그래도 일단 떠나고 본다.

환영회보다 송별회가 많고, 그나마 송별회 또한 조촐하게 치른다. 왜 그럴까? 조직 생활이 재미가 없고 미래가 보이지 않기 때문이다. 재미와 미래의 다른 표현은 의미meaning라고 할 수 있다. 직원들은 의미 있는 일과 의미 있는 관계 그리고 의미 있는 조직에서 일하고 싶어 한다. 반면 조직은 직원들에게 더 높은 애사심과 성과를 요구한다. 심지어는 성과를 내는 사람이 애사심이 높고, 그렇지 못한 사람은 애사심이 없다고 판단한다. 그래서 몇 조직에서는 고령자와 저성과자를 같은 개념으로 해석하기도 한다. 나가주었으면 하는 사람은 나가지 않고 버티는데, 나가지 않았으면 하는 사람은 거침없이 나가버리는 형국이 조직 입장에서는 최악이다.

조직은 보상을 대가로 애사심을 당당히 요구하고, 직원은 수고를 대가로 자부심을 간절히 기대한다. 그렇다면 애사심과 자부심 가운데 어느 것이 먼저일까? 결론적으로 말하면, 조직에 대한 자부심 없이는 애사심도 없다. 월급만 바라보고 조직만 짝사랑하며 청춘을 허비하고 싶은 직원은 아무도 없을 것이다. 이 점은 신세대든 구세대든 다르지 않다.

그렇다면 조직이 직원들의 애사심을 요구하는 것이 잘못된 것일까? 그건 아니다. 단지 전제 조건과 순서가 있을 뿐이다. 직원들의 애사심을 원한다면 자부심부터 챙겨야 한다. 조직, 일, 리더, 동료 그리고 자신에 대한 자부심을 챙길 수 있게 리더의 관심과 지원이 필요하다. 직원들은 리더를 통해 조직을 관찰하고 동료와 공존하며 자신에 대한 가치를 판단한다. 따라서 리더가 직원들에게 자부심을 먼저 심어주고 애사심을 요구하는 것이 자연스러운 순서다.

혹 모든 걸 리더가 다 책임지라는 것이냐고 생각할 수 있다. 물론 리더에게만 책임을 전가할 생각은 전혀 없다. 단지 한 조직의 리더라면 누구에게나 주어진 사명이 있다. 그 사명 가운데 하나는 조직을 대표하여 조직과 직원을 연결해주는 역할을 하는 것이다. 그 역할을 수행하라고 조직은 리더에게 권한을 주었다. 때때로 이 권한이 사유화된 권력으로 변질되어 오히려 조직에 대한 반감을 가중시키는 역효과를 불러오기도 하지만, 어쨌든 리더는 응당 부여받은 권한으로 조직과 직원을 유기적으로 연결해줘야 한다. 그것이 리더가 직원들에게 조직에 대한 자부심을 심어주어야 하는 이유다.

종종 직원들의 애사심을 강조하는 뒷면에는 리더의 비겁함이 있기도 하다. 리더의 통제력을 높이는 방법 중에 애사심을 남발하는 것만큼 손쉬운 것도 없다. 또한 애사심을 핑계로 충성심을 유도하는 고전적 방법을 선택하는 유치한 리더도 적지 않다. 편하기 때문이다. 그래서 애사심을 악용하는 리더십은 학습되기도 한다.

본래 리더십을 발휘하는 과정은 때때로 고통을 수반한다. 리더의 에너지와 진정성을 반드시 요구하기 때문이다. 그래서 리더들 가운데 리더십을 발휘하는 대신 조직에 대한 애사심을 앞세우며 자신의 에너지를 절약하는 경우도 있다. 이런 욕구가 강해질수록 애사심을 빙자한 리더십 편의주의는 반복되고, 반복된 행위는 습관이 된다. 리더를 따르지 않으면 조직을 따르지 않는 것이라고 거침없이 말하게 되기까지 한다. 그러나 리더의 속셈을 영리한 직원들이 모를 리 없다. 더욱이 일부 리더들은 리더에 대한 직원들의 의심을 고의적으로 회피하거나 간과하고자 한다. 직원들의 저항 의지보다 자신의 지배 의지가 강하다고 믿기 때문이다.

그런데 리더십 편의주의를 지향하는 리더가 명심할 것이 있다. 직원들의 자부심을 간과하고 애사심만을 강요하는 것은 반발을 불러올 뿐 아니라 리더에 대한 신뢰 또한 회복하기 어려운 수준까지 떨어뜨린다는 점이다. 어떤 리더는 종종 조직을 둘러싼 외부 환경의 변화를 위협적인 상황으로 장황하게 과장하며 애사심을 강요하고, 그 안에서 자신의 권력을 유지·강화하려는 어리석은 행위를 자행한다. 한 번은 속을지 몰라도 두 번은 속지 않는다. 그럼에도 불구하고 리더가 애사심 카드를 남발한다면 오히려 직원들은 조직에 대한 최소한의 의무도 거부하게 될 것이다.

더욱 염려스러운 것은 과거에 먹혔던 애사심 카드가 먹히지 않는다고 해서 더 무리하여 애사심을 요구하게 되는 일이다. 그러면 내성이 생긴 직원들은 더 상처를 받게 되고, 이내 조직을 곤경에 처하게 만들거나 의도적으로 비협력적 행동을 선택하게 된다. 자칫하면 조직을 떠날 수도 있다. 상황이 이런데도 원하는 수준의 애사심을 보이지 않는 직원을 문제아 취급한다면, 리더는 자신의 뜻에 동조하는 소수의 기회주의자를 제외한 모든 직원들과 끝없는 싸움을 해야 한다. 외부의 적과 싸워도 어려운 판국에 내부 사람들을 적으로 키우는 리더는 절대 승리할 수 없다.

그렇다면 리더는 어떻게 해야 할까? 애사심과 자부심은 독립적이지만 순차적인 개념이라고 했다. 즉, 리더가 진정으로 직원들의 애사심을 바란다면 자부심을 먼저 심어주어야 한다. 애사심은 강요된 열정이 아니라 직원의 내면에서 자발적으로 발생하는 자부심에서 탄생하기 때문이다. 리더는 조직과 직원 사이에 서 있으며 이 연결 고리를 단단하게 이어주는 존재다. 만약 이 연결 고리 역할을 망각하고 방해만 놓는다면 리더 본인이 조직의 적폐가 된다. 따라서 리더는 직원이 조직에 대한 자부심을 가질 수 있는 환경을 제공하고 신뢰와 솔선수범의 리더십을 보여주어야 한다.

자부심 강한 직원을 보유한 리더는 별 수고를 하지 않고도 성과를 얻을 수 있다. 직원에 대한 감시 비용을 줄여 조직의 성과를 달성하는 데 집중할 수 있기 때문이다. 그러나 툭하면 사고치는 직원을 감시하는 데 시간을 허비하는 리더라면 아무것도 이룰 수 없다.

이제라도 리더는 직원들의 자부심을 채워줄 부분이 무엇인가를 파악하고 대비해야 한다. 물론 성과를 달성하는 데 대부분의 에너지를 쓴 나머지 탈진에 가까운 상황에 처해 있는 리더들에게 또 다른 부담을 주려는 의도는 결코 아니다. 과업 성과에 집중해야 하는 리더들에게 직원들의 자부심까지 챙기라고 하는 것은 염치없는 일일 수 있다. 그러나 장기적인 안목에서 보면 성과는 결국 직원들이 조직을 위해 헌신할 때 창출되기에 외면할 수 없는 것이다.

조직에 대한 자부심이 부족한 직원은 자신에 대한 애정에 지나치게 집중한다. 그래서 조직과 리더의 기대와는 전혀 다른 방향으로 에너지를 쏟는다. 그리고 조직을 떠날 때 결코 빈손으로 떠나지 않는다. 조직을 위험하게 만들 수 있는 상황이 있어도 경고해줄 마음이 없다. 반면 조직에 자부심이 강한 직원은 조직의 가치와 의미를 배신하는 것에 자신의 가치에 대한 배신이라는 정서적 연결 고리를 작동시킨다. 그리하여 자연스럽게 애사심을 확신하고 이에 걸맞은 행위를 실천해나간다. 사람의 행동은 정서적 논리와 순차적 이해 그리고 의미 있는 태도를 통해 결정된다. 리더가 애사심을 막연히 강요하기보다 조직에 대한 자부심을 먼저 챙긴다면 애사심은 덤으로 얻을 수 있다. 그것이 진정한 리더십의 효과다.

4장

—

높은 성과를 창출하는
리더십 전략

조직의 목표는 결국 성과 창출이다. 리더의 책임 중 많은 부분도 성과 창출에 있다. 따라서 리더는 조직의 개별적 역량과 집단적 역량을 극대화하는 리더십 전략을 고민해야 한다. 성과만을 지향하는 성과주의를 넘어 민첩한 위기 대응, 다양한 성향의 직원 관리, 조직의 장기적 생존을 위한 전략을 세울 수 있는 리더십 전략을 파악해보자.

1

성취동기를
불러일으키는 방법

예민해진 직원들은 경제적 보상만큼
자신의 성장과 일의 의미 그리고
미래에도 관심이 크다.

뭐 하나 잘되는 사업이 없다. 하는 수 없이 기업은 비용을 줄이고자 사람부터 줄인다. 명예퇴직은 회사 상황이 어려워지면 습관처럼 선택했던 기업의 생존 방식 가운데 하나다. 어느 기업의 리더가 자신의 직원을 사지死地로 내몰고 싶겠는가만, 안타까운 마음으로 선택한 일일 것이다. 그런데 문제는, 나갔으면 하는 직원은 버티고 나가지 말아야 할 직원들이 먼저 떠난다는 데 있다. 살아남기 위해 선택한 구조조정이 기업의 경쟁력을 오히려 떨어뜨리는 결과를 낳는 것이다.

특히 한창 일해야 할 젊은 직원들이 미련 없이 회사를 떠나는 추세다. 그토록 들어가고 싶어 했던 회사를 말이다. 과거엔 인사 적체가 우려되는 직급을 대상으로 명예퇴직이 이루어진 것이 보통이었다. 그런데 지금은 회사가 구조조정을 생각하기도 전에 젊은 직원들이 먼저 회사를 버리겠다며 떠난다.

기업보다 직원들의 판단이 더 빠르고 예민해진 것은 아닐까 하는 생각이 든다. 어쩐지 기업은 '여우 같은 곰'이고 직원들은 '곰 같은 여우'가 된 것 같다. 직원들은 더 이상 회사에 대한 불안감을 미련하게 견디지 않는다.

따라서 기업은 비용 절감을 위해 명예퇴직이란 '회피동기'에 집중하기보다 '성취동기'에 집중하는 것을 선택해야 한다. 이 제안이 현실을 모르고 떠드는 뻔한 소리로 들린다면, 아마 얼마 지나지 않아 쓸 만한 사람이 모두 나갈 때까지 명예퇴직을 반복해야 하는 대가를 치를 것이다.

그러므로 무엇보다 중요한, 직원들의 성취동기 해법을 함께 알아보자. 필자는 이를 사람 관리의 관점, 업무 관리의 관점, 조직 관리의 관점에서 살펴보고자 한다.

사람 관리의 관점에서, 리더십을 점검하고 활성화하라. 기업이 어려워지면 실적 부담에 시달리는 리더들이 리더십보다 통제적 관리에 더 치중하게 된다. 그러면 리더는 직원들의 롤 모델Role Model이 아니라 '회피 대상'으로 전락한다. 직원들의 동기 수준도 당연히 떨어지기 마련이다. 과거에는 리더가 마음에 들지 않아도 참아야 했지만 지금은 결코 아니다.

요즘은 기업 간 차이보다 세대 간 차이가 더 커졌고, 조직 내 세대 차이는 '세대 간 이기주의'를 낳았다. 생존 주기가 짧아진 임원들은 조직의 안녕보다 자신의 안녕을 위해 리더십을 기꺼이 희생했다. 중간에 낀 힘없는 중간 관리자는 리더십 대신 침묵으로 일관했다. 리더도 무섭고 직원도 무서워서 그랬다. 리더십이 없는 리더를 보며 직원들은 배울 점을 하나도 찾지 못했다. 믿고 따를 만한 리더가 없어 결국 스스로 판단하고 행동하는 습관을 '스스로 학습'하게 되었다. 자연스레 리더의 영향력은 그들에게 존재하지 않았다.

그러나 조직이란 완벽한 수평이 아니라 염연히 계층이 있는 곳이다. 그 계층에는 역할과 책임이 존재한다. 이를 중시하지 않은 조직은 성과와 거리가 멀어지고, 내부에서도 상하관계가 배부른 욕망으로 전락하고 만다. 따라서 조직의 계층별 리더십을 점검하고 리더십을 회복하여 직원들에게 동기 부여를 해줘야 한다.

업무 관리의 관점에서, 일에 대한 의미를 확산시켜라. 미래에 대한 걱정은 유일하게 세대 간 차이가 없다. 모두가 불안하기 때문이다. 조직을 이끄는 리더는 예전과 달리 직원들이 조직을 자기 것처럼 여기지 않으며 일을 대충한다고 생각한다. 직원들도 조직이 예전과 달리 가족처럼 자신을 끝까지 지켜주지 않는다고 생각한다. 그리고 자신을 지켜주는 것은 오로지 능력이라 믿는다. 기업과 개인이 일을 해석하는 게 다를 수 있다는 말이다. 조직은 조직이 원하는 대로 직원들이 일하기를 바라겠지만 직원들은 그럴 생각이 없다. 시키는 대로만 일하면 조직 좋은 일만 해준다고 생각할 수 있다.

당연히 성과가 좋을 리 없다. 아무도 일에 대한 의미를 설명해주지 않고 목표 달성만 하라고 하는데 누군들 하고 싶겠는가? 더욱이 자기 성장과 관련이 없다고 판단되면 일은 고통 그 자체가 된다. 그래서인지 얼마 전 신입 사원의 퇴사 이유를 묻는 설문조사에서 응답자의 22.5%가 '자신의 적성에 맞지 않는 직무' 때문이라고 답했다고 한다. 적성에 안 맞는 게 아니라 의미를 못 찾으니 그렇게 느끼는 것이다.

이젠 일의 가치와 의미를 조직의 리더가 설명해주어야 한다. 왜 우리가 이 회사에 다니고 있는지, 그리고 우리는 왜 이 일을 해야 하는지 그 의미를 조직에 확산시켜야 한다. 일이야말로 성장의 밑천이며 미래를 준비하는 가장 확실한 도구라는 것을 직원들에게 진지하게 설명하여 몰입을 이끌어내야 한다. 목표만 주야장천 떠들어봐야 의미가 없다. 일의 의미 그 자체를 설명하는 것이 더 효과적이다. 누구나 의미 없는 일에 시간을 허비하고 싶지 않기 때문이다.

조직 관리의 관점에서, 조직에 대한 신뢰를 회복하라. 과거엔 한 조직에 소속되면, 조직을 맹목적으로 추종하거나 길들여진 대로 일을 했다. 조직은 곧 인생이었다. 그렇게 진심으로 조직을 사랑하고 아끼다 때로는 조직의 부적절한 선택도 좋게 해석하며 동조했다. 설사 자신에게 억울한 상황이 벌어져도 직원들은 참고 또 참았다.

그러나 지금은 조직에 대한 신뢰가 너무나 무너진 상황이다. 더 참기에는 조직이 보여준 신뢰가 너무 약하다. 거칠게 표현하면 조직에 대한 신뢰가 없는 한, 직원들의 자발적 동참과 몰입은 불가능하다 할 수 있다.

아울러 조직문화가 약하거나 없는 경우에는 조직이 어려워지면 고급 정보를 가진 사람부터 이기심을 채우기 위해 비겁한 선택을 한다. 이제 조직의 리더들은 직원들을 예전처럼 소유하고 통제하기 어렵다는 사실을 잘 알고 있다. 그래서인지 더 인색한 의사결정을 서슴지 않고 하는지도 모르겠다. 조직에 신뢰가 없는 직원을 요령껏 활용해보려는 꼼수를 부리지 말고 직원들이 조직에 대한 신뢰를 갖고 리더를 진정으로 돕고 싶게끔 하라. 그러면 직원 관리에 에너지를 낭비하지 않으면서 성과에 집중할 수 있을 것이다. 직원들은 벙어리일지는 모르지만 귀머거리거나 장님이 아니다. 그들도 리더십 회복을 기대하고 있다.

최근 조직의 리더들은 새로운 먹을거리를 찾는 일과 직원 관리라는 두 마리의 토끼를 잡아야 하는 과제를 껴안고 있다. 이 모든 일은 리더십과 조직문화의 힘으로 가능하다. 성과는 일이 잘되어야 달성할 수 있는 것이고 그 일은 사람이 한다. 그 사람이 바로 직원이다. 리더에게 직원은 비용이 아니라 돈을 벌어다주는 원동력 그 자체다. 그들이 신나게 일해야 리더도 신나게 돈을 벌 수 있다. 직원들의 헌신과 몰입을 이끌어낼 성취동기에 더욱 집중하라.

2

직원들의 마음을 잡는
심리적 계약

직원들의 헌신과 몰입은 고용계약이 아니라
심리적 계약에 의해 결정된다.

조직에서 가장 어려운 게 사람 관리다. 해줄 것 다 해줘도 직원들 다루기가 여간 힘든 일이 아니다. 게다가 세상이 변했듯이 직원들도 변해서, 조직에 저항하는 방법도 복잡하고 정교해졌다. 저항의 강도 또한 거세다. 과거 직원들의 저항은 비교적 순박하고 온순했다. 저항의 이유를 먼저 알리고, 조직의 반응을 살핀 이후에 눈치껏 행동했다. 그래도 계속 다녀야 할 직장이기에 인내심으로 불만을 억누르며 기다린 것이다.

그러나 이제 직원들은 조직의 체면보다 자신의 체면을 더 중시하고, 조직을 위한 성취보다 개인의 성장을 더 고려한다. 그리고 현재보다 미래를 더 걱정하며, 걱정이 커진 만큼 조직에 대한 기대를 버렸다. 그렇기 때문에 지금도 조직이 과거와 같은 방식으로 직원들의 저항을 이겨내려 한다면 그건 불가능하다.

이러한 상황에서 조직의 리더는 난감할 뿐이다. 분명 '고용계약雇傭契約'에 따라 조직과 직원이 서로의 역할과 책임을 다해야 함에도 불구하고 삐딱한 태도를 보이는 직원들을 직면하게 되니 말이다. 고용계약은 민법에, 당사자 일방이 상대방을 위하여 노무勞務를 제공할 것을 약정하고 그 상대방은 이에 대하여 보수를 지급할 것을 약정함으로써 성립하는 유상쌍무계약有償雙務契約이라고 정의되어 있다. 고용 계약 관점에서만 보면 월급은 다 받아놓고 저항만 하거나 불쑥 떠나는 직원은 말 그대로 '천하의 원수'이다. 조직의 어려움은 외면하고, 요구만 많은 주제에, 만족하지 못하면 곧장 떠나는 직원들이 리더 입장에서는 나름 이유 있는 분노를 일으키는 것이다.

그런데 리더가 알아야 할 것이 있다. 눈에 보이는 고용계약 외에 보이지 않는 계약, 바로 **'심리적 계약**Psychological Contract'이 있다는 것이다. 이는 문서에 기록된 계약은 아니지만 고용계약을 초월한다. 만약 고용계약이 심리적 계약보다 더 강력하다면, 상대적으로 연봉이 높은 편인 기업들은 이직해 나가는 비율이 제로에 가까워야 한다. 그러나 현실은 그렇지 않다.

직원이 조직에 기대하는 것은 월급만이 아니다. 특히 요즘 젊은 세대는 일의 의미와 조직 가치에 대한 기대감이 직장 생활을 영위하는 데 더 중요하다. 물론 조직이 심리적 계약을 위반하여 섭섭함을 느꼈을지라도, 현실과 타협해 조직에 남아 마음 불편한 직장 생활을 이어가는 이들도 있다. 또는 반대로 배울 것도 많고 의미 있는 일이기는 하지만 월급이 너무 적어 조직을 떠나는 경우도 있다. 그러나 이런 일부의 경우를 제외하고는, 심리적 계약이 고용계약을 초월하여 직원들에게 영향을 끼치는 경우가 훨씬 많다. 리더는 고용계약대로 일을 시키고 싶겠지만 직원들은 심리적 계약만큼만 일하고 싶어 하는 게 현실이다.

만약 리더가 고용계약에 입각하여 직원들의 보수를 챙기는 만큼 심리적 계약도 챙긴다면 조직은 제대로 돌아갈 것이다. 상식적으로 섭섭한 마음을 갖고 일하는 직원이 리더 마음에 들 리 없다. 그러나 조직에 감사하고 늘 마음의 빚을 지고 있는 직원이라면 조직에 보답하고자 자신의 역할에 최선을 다할 것이다.

심리적 계약이 잘 이루어지고 있다고 판단되면, 직원들은 역할 외 행동도 수행한다. 이를 학계에서는 '조직 시민 행동Organizational Citizenship Behavior'이라고 부른다. 즉, 조직이 시키지 않아도 자발적으로 조직을 위한 일에 동참하는 것이다. 반면 심리적 계약이 준수되지 않는다고 판단되면 직원들은 자발적으로 조직을 위해 나서지 않으며 때론 시킨 일도 소홀히 한다.

따라서 리더는 매달 월급을 지급하는 것도 중요하나, 직원들이 심리적 계약이 충족되도록 책임감을 가져야 한다. 기껏 월급을 주고도 원망을 듣는다면 리더만 손해 보는 일이다. 지혜로운 리더는 고마워하지도 않는 직원을 위해 돈을 허비하는 어리석은 짓을 하지 않는다. 받은 만큼 또는 다소 적은 보수로도 직원들이 스스로 일을 찾아 움직이고, 조직에 만족감을 가지도록 노력한다.

심리적 계약의 또 다른 특징이 있다. 직원들끼리 심리적 계약에 대한 판단을 공유한다는 점이다. 때문에 심리적 계약이 위반되었다고 판단한 사람이 생기면 그는 가십을 흘리고, 이는 조직 내에 급속히 확산된다. 그러면 직원 한 사람만 통제하면 되는 일 아닌가 생각할 리더도 있겠다. 그러나 불만 가득한 직원을 리더가 어디까지 막을 수 있을까? 막고자 할수록 저항의 강도는 강해지고 직원들의 결속은 강화될 것이다. 이때 당황한 나머지 가십의 출처가 된 직원을 궁지로 모는 리더도 있다. 하지만 이건 리더 자신이 오히려 궁지에 몰리는 자가당착을 불러올 뿐이다.

그렇다면 해법은 무엇일까? 답은 간단하다. 직원들이 무엇을 기대하는지를 먼저 파악하면 된다. 물론 파악한다고 해서 직원들이 원하는 대로 다 들어주라는 건 아니다. 조직은 태생적으로 그럴 수 없는 존재다. 다만, 해줄 수 있는데 그동안 못 해줬다면 이제라도 해주고, 해줄 수 없는 것은 설득하거나 양해를 구하라는 말이다. 그러면 적어도 뒤통수 맞는 일은 피한다.

또한 직원들의 기대를 몰라서 심리적 계약을 위반하는 경우도 있지만, 알고도 고의적으로 묵살하는 경우도 있다. 이는 매우 위험하다. 심리적 계약은 한번 위반되면 재계약이 쉽지 않다는 특성이 있기 때문이다. 이미 섭섭한 마음이 가득한 직원에게 다시금 믿어달라며 재계약을 요구하는 건 비용도 들고 힘든 일이다. 애초에 한번 맺은 심리적 계약을 준수하면, 고용계약이 위협을 받는다 할지라도 직원들은 리더를 믿고 든든한 버팀목이 되어줄 것이다.

흔히들 리더에 비해 직원은 '약자弱者'라는 생각을 한다. 이는 수정이 필요하다. 심리적 계약이 위반되면 직원들은 소리 없는 저항을 진행하고, 조직에 대한 협조를 줄이기 때문이다. 그러면 리더는 문제를 감지하는 데 오랜 시간이 걸린다. 암 덩어리가 조용히 전이되는 것처럼 리더가 문제를 감지하는 순간은 이미 치유가 불가능한 상태다. 더욱이 리더는 월급이 직원의 약점이라고 생각하며 고용계약을 들어 직원을 통제하고자 하지만, 직원들은 리더가 기억하지 못하는 조직의 모든 약점을 관찰하여 기억하고 있다. 때로는 이를 기록된 증거로 확보하고 있기도 하다. 직원은 이 증거를 가지고 도리어 경영자를 협박할 수 있다. 직원은 궁지에 몰리면 월급이야 그냥 포기하면 된다. 그러나 리더는 궁지에 몰리면 조직을 통으로 포기해야 한다. 그래서 리더가 오히려 약자일 수 있는 것이다. 강자의 논리를 제대로 아는 리더는 고용계약만으로 직원을 위협하는 어리석은 행동은 선택하지 않는다.

마음이 떠난 직원들을 잡고 싶은가? 고용계약의 조건을 문서로 확인하기보다는 직원들의 심리적 계약을 먼저 챙겨라.

3

무책임한 리더와 태만한 직원을
양산하는 단기실적주의

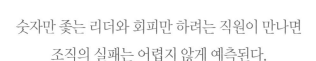

숫자만 좇는 리더와 회피만 하려는 직원이 만나면
조직의 실패는 어렵지 않게 예측된다.

이제 리더는 강자 같은 약자가 되었고, 부하는 약자 같은 강자가 되었다. 그래서인지 용기 없이 착하기만 한 리더가 늘고 있다. 해준 것도 없고 해줄 것도 없는 복잡한 조직 상황에서 염치없이 큰소리칠 수 있는 리더는 없다. 비전 제시는 고사하고 작은 의사결정 하나도 속 시원하게 내리지 못한다. 잘못될 경우에 책임질 일이 먼저 걱정되기 때문이다. 리더의 체면이 말이 아니다.

이처럼 나약해진 리더의 속사정을 꿰뚫고 있는 직원은 당황스럽다. 몇 년 후 자신의 모습이 지금 리더의 모습이라면, 조직 생활이 행복할 리 없다. 그런데 문제는 무책임하고 몸만 사리는 리더를 관찰하다 보면 은연중에 닮게 된다는 것이다. 닮으면 어느 순간부터 모방하게 된다. 자신이 해야 할 책임을 다하지 않는 리더를 닮은 직원은 그 역시 해야 할 일을 하지 않고 태만해진다. 리더가 움직이지 않는데 직원이 움직일 수가 있겠는가?

태만은 고용된 직원이 마땅히 수행해야 할 의무와 규범을 위반하는 행위다. 그러나 직원도 원해서 태만에 빠지는 게 아니다. 리더와 조직으로부터 잘못 학습하였고, 그들로부터 심리적 만족감을 채우지 못해 일련의 저항을 하는 것일 뿐이다. 결국 책임감 없는 리더가 정상적인 직원을 태만하게 만들 뿐 아니라 저항의 대상으로 전락시

리더의 길

키는 것이다.

태만에 빠진 직원 중에는 교활하게 저항하는 사람도 있다. 무책임한 리더를 가련하게 생각하기보다 조롱하며 대놓고 태만을 일삼는 경우다. 이들은 해야 할 일을 게을리하거나 불필요한 가십과 소문을 퍼뜨리며 파벌을 형성하여 리더를 곤경에 빠뜨린다. 또 무책임한 리더가 자신을 거칠게 다루지는 못한다는 걸 잘 알고, 침묵과 외면으로 자신의 태만을 포장하여 리더의 공식적인 지시와 당부를 따르지 않기도 한다. 그러면서 겉으로는 힘겨운 직장 생활에 불만이 많고, 부족한 조직 지원과 빈약한 리더의 비전을 탓하며 안락하고 교활한 태만을 즐긴다. 이러한 부하 직원의 얄미운 저항을 알아채도, 리더가 달리 대처할 방법은 없다. 그래서 대부분은 그냥 먼저 포기하고 회피한다. 결국 리더는 자신의 의지와 상관없이 지속적인 저항에 시달려야 한다. 물론 이는 일부 조직에 해당하는 현상이다. 그러나 분명한 사실은 리더의 책임 회피 경향과 직원들의 태만 수준이 과거에 비해 점점 더 심해지고 있다는 것이다.

그렇다면 무책임한 리더와 태만한 직원을 유발하는 원인은 무엇일까? 그 답은 **목표만 강조하고 리더의 리더십을 지원해주지 못한 '조직의 단기실적주의'**에 있다. 물론 어느 조직이나 목표가 있다. 그리고 그 목표에 대한 책임은 리더에게 있다. 조직은 목표 달성의 숫자로 리더를 판단할 뿐, 과정의 속사정에는 관심이 없다. 성과의 모든 것이 리더의 능력에 달려 있다고 우긴다. 그래서 리더는 무슨 수를 써서라도 목표를 달성하려 하고, 또는 실패가 두려운 나머지 아무것도 하지 않기도 한다. 무책임한 리더는 이렇게 출현한다.

현실이 이렇다면 조직은 무책임한 리더와 태만한 직원을 모두 해고해야 하는 걸까? 그보다는 조직 차원에서 이 문제를 극복하기 위한 노력을 선행해야 한다. 그리고 현재의 실적 중심 경영을 갑자기 중단할 수 없다면, 적어도 다른 대안을 동시에 시도해야 한다. 특히 리더십 관점에서 단기실적주의가 초래하는 약점들을 완화시키는 데 주의를 기울여야 한다. 그 방안으로 몇 가지를 제시한다.

정밀한 리더십 진단을 실행한다. 단기실적주의를 아무리 강조해도 리더들이 365일 실적만 챙길 수는 없다. 또 실적만 생각하면 지치기 마련이다. 지쳐버린 리더는 무책임한 회피와 침묵을 선택한다. 때로 조직은 장기적인 실적을 원하지만, 임원들은 단기적인 실적만을 원하기도 한다. 단기실적만을 강조하면 리더들의 집중력도 단기적으로 끝난다.

그래서 가장 먼저 해야 할 일은 리더십을 정밀하게 진단하는 것이다. 현재 조직의 상태를 알아야 리더가 장기적으로 버틸 수 있는 동력을 얻는다. 아픈 곳을 알아야 처방이 가능하다. 진단도 하지 않고 실적부터 쌓으려 한다면, 조직은 어느새 번진 조직 내 암세포를 손 놓고 바라보게 될 것이다.

리더십을 진단하기 위해선 외부 전문가를 초빙하거나 내부에 전담팀을 구성하면 좋다. 그들에게 현재 각 리더들이 어떤 상태인지, 직원들의 의식 상태는 어떤지 진단을 받도록 하자. 특히 조직의 핵심 가치가 리더들에게 어느 정도 공유되어 있는지를 중점적으로 진단하여, 이를 리더들에게 재무장시킬 방안을 찾는 게 급선무다.

지속적으로 리더십 교육을 시행한다. 지난 2010년 천문학적인 부채를 안고 몰락하던 일본항공JAL을 1,155일 만에 기적적으로 회생시켰던 이나모리 가즈오稲盛和夫 회장. 그가 일본항공을 살리기 위해 가장 먼저 했던 일은 100여 명의 리더들과 3만여 명의 직원들에게 리더십과 책임 의식을 교육한 것이다.

이나모리 회장은 돈이 많아서 리더십 교육을 실행한 것이 아니다. 돈을 많이 벌기 위해 리더십 교육을 결정한 것이다. 그는 정신 나간 리더는 결코 조직을 지킬 수 없다는 확신을 갖고 있었다. 조직의 저성과는 능력 없는 사람 때문이 아니라, 능력 있는 사람이 능력을 발휘하지 않기 때문임을 잘 알고 있었던 것이다.

책임지라고 리더의 이름을 주었는데 책임을 지지 않는 리더, 리더의 부족한 점을 보완할 생각은 않고 태만을 일삼는 부하 직원. 이들이 머무는 조직의 미래는 암울할 것이 자명하다.

정기적으로 개설되는 소통의 장을 마련한다. 이젠 리더와 직원 중 누가 먼저 잘못을 했는지 따질 여유가 없다. 조직이 먼저 어긋난 리더와 직원 사이를 화해시키고 신뢰를 회복하도록 소통의 장을 적극 제공해야 한다. 부자와 졸부의 차이는 돈을 버는 방법의 품위에 있다. 그리고 좋은 조직과 나쁜 조직의 차이는 직원을 대하는 품위에서 찾을 수 있다. 존중받는 직원들이 성과도 잘 낸다는 증거는 이미 많은 글로벌 기업의 사례로 확인이 가능하다.

흔히 멀리 가려면 함께 가라고 했다. 하루이틀 할 장사가 아니라면 조직과 리더 그리고 직원이 한차를 타고 이동해야 한다. 누구는 고급 승용차를 타고 앞서가고, 누구는 버스를 타서 목적지에 도착하는 시간이 달라지면, 조직은 차를 탄 보람도 없이 발로 뛴 것보다 못한 성과를 얻게 될 것이다.

우리는 실적이 생존인 시대에 살고 있다. 실적에는 단기실적과 장기실적이 있다. 단기실적은 은행에서 급전을 빌릴 것과 같다. 이자가 높다. 치러야 할 대가와 희생이 크다는 뜻이다. 즉, 단기실적주의가 무책임한 리더와 태만한 직원을 양산한다면 그 대가와 희생은 조직의 몫이 된다. 리더가 책임감을 회복하고 직원이 리더에 대한 존경심을 갖는 날, 조직의 진정한 성과도 보장된다.

4

실패하지 않는 신중한 실험
'리틀 벳'

'돌다리도 두들겨 보고 건너라'는 격언은
여전히 유효하다.
작은 도박이 실패하지 않는 리더를 만든다.

시장이 불안해지면 리더도 불안해진다. 불안해진 리더는 판단력이 흐려지고 귀는 얇아져, 적은 가능성을 부풀려 보고 성급한 선택을 하게 된다. 당연히 실패 확률이 높다. 아무리 노련한 리더라도 작금의 혼란한 상황에서는 실패 사례의 주인공이 될 수 있다. 리더의 불안을 해소할 수 있는 방법은 없을까?

실패의 위험을 최소화할 수 있는 방법은 '운運'이 아니라 끊임없는 '실험實驗'이다. 100여 년 전, 인류 최초로 남극 탐험에 도전했던 두 명의 탐험가가 있다. 영국의 스콧Scott과 노르웨이의 아문젠Amundsen이다. 두 사람은 당시 두 나라를 대표하는 노련한 탐험가였지만, 이들의 운명은 전혀 달랐다. 스콧은 남극점을 정복한 후 돌아오는 길에 대원들과 함께 죽음을 맞았다. 반면 아문젠은 대원들 모두와 함께 무사히 고국으로 귀환했다. 이들의 탐험에 어떤 차이가 있었기에 이런 결과가 나왔을까?

두 탐험대장은 같은 조건에서 결정적으로 다른 선택을 했다. 스콧은 당시 최첨단 장비인 설상차와 말을 이동수단으로 선택했다. 대영제국다운 막대한 지원이었다. 반면 아문젠은 개썰매를 고집했다. 외형상 스콧은 아문젠에 비해 막강해 보였다. 그런데 왜 스콧은 실패했을까? 원인은 의외로 간단했다. 설상차가 섭씨 영하 50도에 이

리더의 길

르는 남극과 유사한 환경에서 작동이 잘되는지 실험해보지 않고 탐험에 투입한 것이다. 남극에 도착하자마자 설상차는 얼어붙어 전혀 움직일 수 없었다. 한마디로 무용지물이 된 셈이다. 스콧의 말 또한 극한의 추위를 견디지 못하고 남극에 도착한 지 얼마 지나지 않아 얼어죽었다. 스콧은 자신의 선택이 잘못되었다는 걸 너무 늦게 알아채고야 말았다.

반면 아문젠은 스콧에 비해 의심이 많았다. 그 의심은 인간에 대한 의심이 아니라 진실에 대한 의심이었다. 탐험에 나서기 전, 아문젠은 노르웨이 북단에 사는 이누이 족族을 찾아갔다. 이 부족이 사는 곳은 남극과 환경이 유사했다. 아문젠은 이누이 족의 삶을 면밀히 살펴 그들의 생존 법칙을 찾으려 했다. 그는 이누이 족이 이동수단으로 개썰매를 고집하는 걸 발견했다. 개는 말보다 추위에 강할 뿐 아니라 유사시에는 식용食用으로도 사용할 수 있기 때문이었다. 아문젠은 그렇게 자신의 남극 탐험의 이동수단으로 개썰매를 선택했다.

즉, 스콧과 아문젠의 차이는 탐험 전에 남극과 유사한 환경을 경험했는가였다. 스콧은 이를 실천하지 않아, 그토록 자신했던 설상차와 말이 실제 남극 상황에서 무용지물이 될 수 있음을 알지 못했다. 반면 아문젠은 자신의 숱한 탐험 경험을 과신하지 않고 점검과 실험에 집중하여 남극 탐험에 성공했다.

성공 경험이 많은 리더일수록 새로운 도전에 대한 긴장감이 떨어지게 된다. 과거의 성공 경험만큼 도전을 할 때 힘이 되어주는 것도 드물다. 그래서 자신의 성공을 낙관적으로 믿고 싶을지도 모르겠다.

그러나 '실험實驗' 없는 '실행實行'은 '실패失敗'로 귀결될 뿐이다.

미국의 발명가 딘 케이먼Dean Kamen은 무려 150여 개의 특허를 갖고 있는 명망 있는 발명가였다. 그의 대표적인 발명품으로 '휴대용 인슐린 펌프'가 있다. 이 발명품 덕에 많은 환자들이 병원에 가지 않고 집에서 혈액을 투석할 수 있게 되었다. 휴대용 인슐린 펌프로 딘 케이먼은 엄청난 성공과 부富를 얻었다. 또한 그는 휠체어를 탄 사람도 남의 도움 없이 계단을 오르내릴 수 있는 '아이봇iBOT'을 발명하여 많은 이들로부터 존경을 받기도 했다.

이렇게 승승장구하던 케이먼은 후속 작품으로 '세그웨이Segway'라고 하는 개인용 이동 기구를 개발했다. 그는 세그웨이가 자동차를 대신할 것이라고 장담하며 투자를 받아, 월 4만 대의 세그웨이를 생산할 수 있는 공장도 설립했다. 그런데 너무 자만했던 것일까? 세그웨이는 미관을 위해 배터리를 작게 설계하는 바람에 배터리를 자주 충전해야 하는 불편이 있었다. 게다가 가격이 천만 원이 넘어 사람들이 구매를 부담스러워했다. 심지어 세그웨이의 무게가 무려 50kg에 이르다 보니, 말이 개인용 이동수단이지 다루기 버거워 고객들의 외면을 받게 되었다.

결국 세그웨이는 개발 후 8년간 겨우 5만 대만 팔렸고, 2009년에는 '지난 10년간 실패한 10대 제품' 중 하나로 지목되는 치욕을 겪어야 했다. 케이먼은 자신의 천재성에도 불구하고, 위험 요소에 대비하는 신중한 실험을 간과하여 실패를 하고 말았다. 훌륭한 발명가의 서글픈 운명에서 어쩐지 스콧의 모습이 보이는 듯하다.

물론 새로운 도전에 신중했던 사례도 많다. 오래전 이야기지만 '애플스토어'의 성공 스토리는 신중한 실험의 좋은 예다. 스티브 잡스는 자신이 만든 아이폰의 성공과 애플스토어의 성공을 달리 생각했다. 잡스 특유의 신중함은 애플스토어의 설립에 앞서 많은 실험을 실행하는 계기가 되었다. 잡스는 먼저 대규모 전자상품 양판점에 애플쇼룸을 설치하여 고객의 반응을 살폈다. 이 실험에서 고객들의 방문은 줄을 이었지만, 잡스는 이 정도로는 고객들에게 감동을 주지 못한다고 판단하고 다시 애플 본사 근처에 프로토타입prototype의 스토어를 오픈했다. 이때 잡스는 제품을 나열하여 보여주는 것보다, 고객들이 원활하게 돌아다니며 볼 수 있는 동선이 필요하다고 생각한다. 그래서 그는 이 점을 반영한 프로토타입 매장을 20개 이상 오픈하고 고객의 동선이 좀 더 원활할 수 있는 법을 연구했다.

그 결과가 바로 '지니어스 바bar'다. 고객들은 이곳에서 애플 제품에 관해 궁금한 점을 문의하고 서비스를 제공받는다. 아울러 지니어스 바에 근무하는 애플 직원들은 단지 판매한 제품에 대한 사후 서비스만 제공하는 게 아니라, 고객들이 쏟아내는 제품에 대한 문제점과 개선점을 본사에 전달하여 추후 신제품 개발에 도움을 주었다. 이처럼 애플스토어는 실험을 통해 제품을 파는 곳에서 고객을 애플의 광팬을 만드는 곳으로 진화시켰다. 고객이 무엇을 원하는가 그리고 고객들로부터 무엇을 얻어낼 수 있는가를 파악하고 이에 대응했던 것이다. 잡스의 신중함이 실험으로 이어지고, 그 실험이 애플스토어의 성공을 이끌었다. 이 대목에서 잡스의 선택은 마치 진실에 대한 의심이 많았던 아문젠과 유사해 보인다.

리더는 새로운 도전을 할 때 과거의 성공에 막연히 낙관하지 말고, 현실적 상황을 직시하며 진실을 끝없이 의심해야 한다. 이와 같이 큰 성공을 이루기 위해 사전에 작은 실험을 하는 것을 전문 기고가 피터 심스Peter Sims는 '리틀 벳little bets', 즉 작은 도박이라고 표현했다. 큰일을 도모하기 전에 작은 실험을 하여 안정된 선택을 하는 것이 성공의 조건이라는 것이다.

물론 리틀 벳을 실행하는 건 쉬운 일이 아니다. 마음이 급해지면 절차를 쉽게 생략하기 때문이다. 성공에 대한 간절함은 때론 집착으로 변질된다. 따라서 리틀 벳을 실천코자 한다면 리더의 의지에만 의존하기보다 사전 실험을 반드시 하도록 제도화하는 과정이 중요하다.

국내 기업의 모범 사례로는 '다이소'가 있다. 현재 전국에 1,000여 개의 매장을 가진 다이소는 매출도 무려 1조 6,000억 원(2017년 기준)에 이른다. 대부분 저렴한 제품을 취급하는 다이소는 처음 서울 3개 매장에서 출발했다. 그 이후 끊임없는 제품 개발과 유통망 확산을 진행해 점포 수를 늘려갔다. 조금씩 늘어가는 점포 수는 다이소에 고객 반응과 관련한 다양한 정보를 제공했다. 그 덕분에 다이소는 창립 이후 지금까지 단 한 번의 영업 손실 없이 성장하고 있다.

리틀 벳의 효과는 불확실성이 높은 현대에 적합한 전략이다. 큰 결단은 아니지만 신중하게 작은 도박을 이어가 마침내 큰일을 도모하여 실패 확률을 낮추기 때문이다. 마음이 급한 리더에게 리틀 벳

리더의 길

을 하라고 하면 대부분은 거북해할 것이다. 그러나 리틀 벳의 자세를 취하지 않으면 조직은 절대 성장할 수 없음을 기억해야 한다.

5

위기를 예측하는
의도적 점검 시스템

리더의 치밀한 점검 습관만큼
조직의 성과를 보장해주는 건 없다.

위기를 예측할 수 있을까? 예측할 수만 있다면야 어떤 위기든 모면할 수 있을 것이다. 그러나 불확실성이 커진 4차 산업혁명 시대에 위기를 예측하고 기회를 잡기란 여간 어려운 일이 아니다. 꼼꼼히 현재 상황을 점검하는 방법 외에는 모든 것을 운에 의존하는 것밖에 달리 방도가 없다. 하지만 운은 공평하지 않다.

필자가 생각하는 위기 예측법은 현재를 부정해보고 미리 후회해보는 것이다. 이는 현재의 강점은 적극 활용하고 약점은 보완하는 전통적인 위기관리 방법으로, 위기 대처의 기본이다.

지속 성장한 글로벌 기업들 가운데 가장 눈에 띄는 기업은 단연 아마존이다. 아마존의 최고경영자 제프 베조스Jeffrey Preston Bezos는 1995년 창업 이후 단 한 번도 손해를 본 적이 없다. 지금도 아마존은 무서울 정도로 성장하고 있다. 제프 베조스가 스타가 된 비결은 말 그대로 STARSee Different, Think Different, Act Different, Review Different처럼 경영을 했기 때문이다.

제프는 90년대 초반, 매년 미친 듯이 성장하는 인터넷 시장에서 새로운 사업을 찾아내는 **남다른 눈**See Different이 있었다. 그리고 그는 인터넷에서 판매할 상품을 선정할 때, 상대적으로 균일한 크기와 가격 그리고 생산자가 직접 유통하지 않는 특성을 지닌 '책'을 선택하는 **남다른 생각**Think Different을 해냈다. 또한 당시 안정적이고 잘나가던 투자 회사 디이쇼앤컴퍼니D. E. Shaw & Co의 부사장 자리를 박차고 나와 창업을 위해 낯선 시애틀에 자리를 잡았다. 그의 **남다른 실행력**Act Different을 짐작해볼 수 있는 부분이다.

제프의 실행력은 물류 시스템에도 변화를 가져왔다. 먼저 물류비용의 부담을 최소화해 책 한 권도 배송할 수 있는 시스템을 고안해 낸다. 바로 '키바Kiva Picking 시스템'이다. 기존의 물류 시스템은 제품이 가득한 물류 창고 안에서 수많은 직원들이 주문받은 제품을 찾아 배송하고 포장하는 과정을 거쳤다. 그러나 키바 시스템은 로봇이 제품을 찾고, 포장된 제품을 이송한다. 그 덕에 인건비를 줄인 제프는 수많은 이익을 남겼다. 물류비용 부담은 경쟁 업체들이 공통적으로 고민하고 있던 장애 요인이었다. 제프는 이 점을 간과하지 않고, 남들이 하지 못하는 것을 해야 이길 수 있다는 생각으로 차별화를 실행에 옮긴 것이다.

제프의 또 다른 도전은 제품 아이템에 대한 고민에서 시작되었다. 그는 온라인에서 왜 오프라인 책만 파는지 의구심을 가졌다. 그리고 온라인에서 온라인 책을 팔 수 없을까를 생각해냈다. 그 결과 2007년, '아마존 킨들Amazon Kindle'이라고 하는 이북 단말기가 탄생한다. 결과는 매우 성공적이었다. 지난 10년간 아마존에서 판매된 오프라인 책의 성장률보다 단 3년간의 온라인 책 성장률이 더 높은 쾌거를 거둔 것이다. 이 성공은 기존의 사업을 의도적으로 점검하고 보완했던 제프의 **남다른 점검**Review Different에서 나왔다. 제프의 의도적 점검 능력은 현재 킨들TV, 웹서비스사업, 우주항공사업, 최근 구글과 경쟁하고 있는 드론사업, 클라우드사업 등으로 이어지고 있으며 2013년 제프가 개인 자격으로 인수한 〈워싱턴포스트〉 사가 적자를 회복하고 긍정적인 성과를 거두는 배경이 되기도 했다.

제프의 놀라운 성공은 끊임없는 도전과 의도적 점검을 통한 새로운 사업적 기회를 창출하는 능력에 있었다. 늘 점검하고 보완하며 기본에 충실한, 교과서적이면서도 교과서를 초월하는 제프의 경영철학이 오늘의 아마존을 만들었다.

한편 리더의 의도적 점검이 새로운 사업의 기회와 성공을 보장해준다는 것 외에도, 이것이 중요한 이유가 하나 더 있다. 바로 리더의 소통 부재로 인한 조직의 동맥경화를 방어해준다는 점이다. 즉, 조직 내부의 점검 시스템이 위기를 예방하는 좋은 대안이 될 수 있다.

덴마크의 제약회사 '노보 노르디스크Novo Nordisk'는 현재 전 세계 당뇨병 치료제 시장의 50%를 차지하고 있다. 이토록 잘나가던 노보 노르디스크도 2013년에 위기를 맞았었다. 미국 식품의약국FDA의 규정을 어겨 미국 수출의 길이 막힐 뻔했던 사건이었다. 다행히 위기는 넘겼지만, 전 최고경영자였던 라르스 레빈 쇠렌센Lars Rebien Sorensen은 왜 이런 일이 발생했는지를 파악하고자 했다. 그 결과, 조직 내부에 부정적 정보가 차단되어 있었음을 발견했다. FDA규정을 어긴 약품이 있다는 사실이 최고경영자에게 전혀 보고되지 않았던 것이다.

레빈 회장은 조직을 위기로 몰아갈 수도 있던 소통 부재에 대해 점검을 실시했다. 그리고 조직 내부의 소통을 점검할 수 있는 부서를 만들어 정기적·비정기적으로 전 세계 계열사를 방문해 소통의 문제점을 해소하고자 노력했다.

노보 노르디스크의 소통 점검 시스템은 총 5단계로 이루어져 있다. 1단계 조직 전문가 그룹 구성하기, 2단계 전문가 그룹의 정기적 조직 방문과 무작위 인터뷰, 3단계 부정적 정보가 잘 전달되는지에 대한 점검, 4단계 사내 인트라넷을 통해 부정적 정보를 자연스럽게 노출하기, 5단계 부정적 정보에 대한 해결책 모색 등이다. 이러한 노력으로 노보 노르디스크는 소통 부재 위기를 방지할 수 있게 되었고 예전의 명성을 되찾을 수 있었다.

뒤를 돌아보지 않는 질주가 성공의 조건이던 시절은 이미 지났다. 먹는 것보다 먹히지 않는 것이 더 중요해졌다. 작은 것을 먹기 위해 경계를 게을리하면 뒤에서 다가올 더 큰 경쟁자에게 먹히고 마는 것이 오늘의 시장이다. 일이 터지고 난 뒤 하는 점검은 아무런 의미가 없다.

사전에 의도적인 점검을 할 수 있는 시스템을 갖추자. 물론 큰 위협이 없어 보이는 상황에서 의도적으로 점검 시스템을 수립하고 실행하는 것은 어려운 일이다. 그러나 점검 시스템을 미리 준비하지 않으면 훗날 위기가 닥쳐왔을 때는 손쓸 방법이 없다는 걸 반드시 명심해야 한다.

6

주 52시간 근무 시대를
대비하는 리더십

근무시간이 줄어도 업무량은 줄지 않았다.
그래서 리더의 업무 장악력과 효율적 업무 분장이
더욱 중요해졌다.

주 52시간 근무가 시행되면서 많은 기업들이 홍역을 치렀다. '일만 하던 시절'에서 '일도 하는 시절'로 변하면서, 조직은 강압적인 변화를 요구받고 있다. 이 변화의 결과는 아무도 모른다. 누구도 가본 적 없고 되돌아갈 수도 없기에 '현실 그대로' 보는 수밖에 없다.

주 52시간 근무라는 변화에 대응하기 위해 챙겨야 할 것도 많다. 변화 앞에 모두가 심란하고 두렵지만, 변화는 점검의 기회이기도 하다. 따라서 미지의 변화를 건강한 기회로 대치시키기 위한 리더십 대응 전략을 주 52시간 근무와 연계해 살펴보고자 한다.

대응 전략 첫째, 직무부터 재점검하라. 줄어든 업무 시간을 활용하는 것보다 더 중요한 일은, 현재 직무부터 철저히 재점검하는 것이다. 지금까지 해왔던 일이지만 이 일이 어떤 일인지, 얼마나 중요한 일인지, 누가 해야 적합한 일인지 따져보아야 한다. 사실 살펴보면 기계적으로 처리했던 일들이 의외로 많다. 직무 분석이 되어 있지 않다 보면 중요한 일과 시급한 일을 구별하지 못하고, 그렇게 시간만 흐르다 중요한 일도 시급한 일로 변하기 십상이다.

중요한 일이 시급한 일이 되면 일의 질이 희생된다. 기대했던 결과는 당연히 달성하기 어렵다. 시급한 만큼 일단 하는 데 급급하기 때문이다. 일하는 시간이 줄어들수록 리더는 면밀한 직무 분석을 통해 일의 내용과 성격을 점검하고 적합한 직원에게 일을 분배하는 것에 먼저 시간을 할애해야 한다. 중요한 일은 중요하게 다루고 시급한 일은 시급하게 처리해야 누수가 생기지 않는다.

대응 전략 둘째, 일의 가치와 과정을 공유하라. 사람은 누구나 자신의 일만 보게 된다. 현재 자신이 하고 있는 일에만 집중하도록 훈련받기 때문이다. 조직에는 전체의 목표가 있고, 이 전체 목표를 효율적으로 달성하기 위해 하위 조직별·직원별 목표가 분산돼 할당된다. 그래서 자기 일을 열심히 하는 직원도 일의 조각들이 모여 완성되는 전체 모습을 모르는 경우가 많다. 자신의 일이 전체 조직의 목표에 얼마나 중요한 일인지 그 가치를 잘 모르는 사람이 많다는 얘기다.

리더는 직원 개개인에게 전체 일의 목표와 흐름 그리고 각 일의 조각들이 어떻게 전체로 구현되는가를 명확하고 구체적으로 알려줘야 한다. 그래야 직원들은 자신의 일이 어떤 가치를 지니는지 알 수 있고 경외심도 느낄 수 있다. 리더의 부지런함과 진정성이 요구되는 대목이다. 지시만 하기에도 바쁘고 피곤한데 여기에 일의 가치와 과정까지 공유하는 건 부담스럽다. 하지만 이런 과정을 통해 직원 각자가 자신의 일에 책임감을 갖는다면 조직을 좀먹는 비겁한 나태함은 예방할 수 있다.

대응 전략 셋째, 갈등을 입체적으로 조정하라. 줄어든 근무시간에도 이전만큼의 성과는 내야 한다. 더 바빠질 거란 얘기다. 그런데 조직은 혼자 일하는 곳이 아니다. 일에는 순서가 있고 공동의 책임도 존재한다. 때문에 어느 한 부분이 삐거덕거리면 전체가 흔들리며, 결국 갈등이 생길 수밖에 없다. 다들 바쁘니 남의 일을 대신할 마음이나 양보할 여유가 없다. 방해받기는 더더욱 싫다. 따라서 주 52시간 근무 시대에는 리더의 갈등 관리 역할이 더욱 중요해질 것이다.

리더는 별도의 갈등 관리 스킬이 필요하다. 갈등 관리 능력은 하수와 선수 그리고 고수의 전략이 다르다. 하수는 갈등이 발생하면 리더 자신이 먼저 당황해 갈등을 회피해버린다. 당연히 갈등은 더 커지고 그 책임 또한 리더의 몫으로 남는다. 선수는 갈등이 발생했을 때 즉각적으로 대응하고 효과적으로 문제를 해결한다. 해결사 역할을 톡톡히 하기 때문에 갈등으로 인한 비용 발생을 최소화하고 생산성을 향상시킨다. 고수는 더 나아가 갈등을 미리 예측하고 예방하며, 갈등 발생 정도와 빈도를 통제한다. 그럼에도 갈등이 발생하면 신속히 해결한다. 고수는 유사한 갈등이 반복되지 않도록 한다는 점에서 선수를 훨씬 앞선다. 되도록 갈등 관리 능력을 길러 고수가 되도록 노력하자.

대응 전략 넷째, 공정성을 엄격하게 유지하라. 조직이 어려울수록 리더의 공정성은 더욱 중요해진다. 없는 시간을 쪼개 업무를 수행해야 하는 버거운 상황이 되면, 조직 공정성에 대한 예민함이 더욱 커지기 때문이다.

공정성은 보통 분배의 공정성, 절차의 공정성, 상호작용의 공정성 세 가지로 분류된다. 분배의 공정성은 말 그대로 일의 목표와 지원, 보상을 공정하게 배분하는 것이다. 누구나 차별받거나 불공정한 대우를 받는다면 분노한다. 분노는 업무 몰입을 방해한다. 일을 할 의욕을 꺼뜨리기 때문이다. 따라서 리더는 콩 한 조각도 공정하게 분배한다는 의식을 명확히 해야 한다. 만약 분배의 공정성에 시비가 생긴다면 강압적으로 리더의 입장만을 표현하기보단, 불가피한 점들을 사실대로 설명하고 진정성 있게 협조를 구해야 한다. 그러면 적어도 직원들의 의도적인 책임 회피는 막을 수 있다.

절차의 공정성은 일을 실행하는 과정에서 거치는 절차를 얼마나 공정하고 원칙을 준수하며 실행했는지의 문제이다. 명확한 원칙이 없거나, 공표된 원칙이 지켜지지 않는다면 누구도 원칙을 따르려 하지 않을 것이다. 줄어든 업무 시간 내에 기존의 일을 처리하려다 보면 본인의 의지와 상관없이, 혹은 고의로 절차를 생략하거나 무시하는 경우가 생길 수 있다. 혹여나 리더가 그런 상황에 놓인다면 직원들이 이때를 놓칠 리 없다. 왜 리더 자신은 절차를 지키지 않으면서 직원에게만 지키도록 강요하냐는 저항에 부딪히게 될 것이 불 보듯 뻔하다. 협력해도 부족한 리더와 직원의 관계가 변명과 저항으로 점철되면 조직의 운명은 어두워질 수밖에 없다. 따라서 리더는 바람직한 원칙을 수립하고, 그 원칙을 약속한 절차대로 준수해야 한다. 한 번 실추된 리더의 명예는 회복하기 쉽지 않다는 점에서 부디 주의를 기울여주기 바란다.

상호작용의 공정성은 인간적인 차별과 관련이 있다. 직원들은 차별을 받고 있다고 생각하면 극심한 모멸감을 느끼며, 리더를 비롯해 편애받는다고 생각하는 동료까지 미워하게 된다. 만약 직원들 대부분이 리더의 상호작용 공정성을 의심하게 되면 집단적 저항이 일거나, 낭비적 태만을 자행할 것이다. 물론 책임은 리더 몫이다.

주 52시간 근무제가 시행된 지금, 리더가 풀어야 할 숙제가 더욱 많아졌다. 근무시간이 줄어든다고 조직의 목표나 성과까지 줄일 수는 없기 때문이다. 직원들이 퇴근한 후 리더 혼자 남아 남은 일을 하는 웃지 못할 일들이 생기는 이유다. 새로운 제도에 익숙해질 때까지, 리더는 앞서 설명한 부분에서 재점검과 재설계를 통해 조직 안정화를 꾀해야 할 것이다.

7

저성과자에 대응하는
리더십 전략

저성과자는 비용이다.
저성과자의 정의와 유형을 알고 대응해야
리더가 손해 보지 않는다.

앞만 보고 달리기에도 버거운 리더의 다리를 잡는 골치 아픈 요인이 바로 저성과자 관리다. 지금까지는 목표 달성에 급급해 대체로 저성과자를 방치해왔다. 그러나 이제는 저성과자에 대해 진지한 고민을 할 때가 왔다. 더욱 힘겨워지는 조직 환경 속에서 저성과자는 독이기 때문이다.

요즘 시대엔 조직의 생존과 개인의 생존이 별개의 문제가 되었다. 경영자와 리더들은 초조해졌는데, 팀원은 영리해졌다. 심지어 조직은 냉정해졌다. 서로를 돕기 어려운 상황이다. 근무시간 단축은 리더에게 또 다른 압박이 되었다. 근무시간은 줄어도 업무는 줄지 않았고, 직원들은 핑계가 생겼지만 리더에게는 책임만 남았다. 추가적 인력 지원은 어림도 없다. 성과도 내야 하고, 동시에 비용도 줄여야 하는 이중압박이 리더의 힘겨움을 가중시키고 있다.

이러한 환경에서 저성과자 관리를 위해 리더가 조직의 제도만 기다리거나 의존하기에는 시간이 없다. 현재 인력을 최대한 활용하여 최고의 성과를 내야 한다. 일하는 사람 따로 한가로운 사람 따로 둘 수가 없는 환경이다.

그렇다면 리더는 저성과자를 어떻게 관리해야 할까? 저성과자와 관련된 몇 가지 질문을 먼저 살펴보자.

저성과자는 누구인가? 대법원 판례에서는 저성과자를 '정신적 혹은 육체적으로 직무를 적절하게 처리할 수 있는 능력이 현저히 부족하여 근무 성적이 극히 불량한 자 또는 그 직무를 감당할 자질과 능력이 의심될 정도로 평소의 근무 태도가 지극히 불성실한 경우'라고 규정되어 있다. 성과와 역량이 하위 평균 10%에 해당되는 직원을 C-player로 분류하여 저성과자로 보는 경우도 있다. 결국 능력과 의욕 면에서 조직의 기대에 부응하지 못하거나, 받고 있는 혜택에 비해 노력을 덜하는 직원들이 저성과자이다. 몸값은 챙기면서 밥값은 못하는 자들을 저성과자로 보면 된다.

저성과자는 자신의 존재를 인정할까? 저성과자로 분류되는 직원들은 본인이 저성과자임을 인정하거나 반성하지 않는다. 아니, 인정은 해도 반성은 없다. 저성과자들도 할 말은 많다. 조직의 지원과 리더의 배려가 더 있었다면, 직무가 더 적합했다면, 목표만 적절했다면 등 변명이 가득하다. 특히 착한 리더 병에 걸린 리더를 만난 저성과자라면 약간 미안해하기는 해도 안락함을 포기할 마음은 없다.

능력 없는 직원만 저성과자인가? 물론 아니다. 앞의 대법원 판례를 보듯이 근무 태도가 불량한 직원 또한 저성과자로 볼 수 있다. 할 줄은 알지만 하지 않는 자, 할 줄도 모르고 하지도 않는 자, 하기는 하는데 성과가 없는 자, 할 줄은 알지만 다른 일을 하는 자 등 능력과 의욕에 따라 저성과자에는 다양한 유형이 있다.

저성과자를 왜 방치하면 안 되나? 지금까지 리더는 일을 잘하거나 말을 잘 듣는 직원들에게만 의지하여 성과를 만들어왔다. 그러나 이제는 저성과자도 방치해두지 않고 다독여야 성과가 난다. 저성과자들은 자신의 저성과를 정당화하고자 끝없이 자신을 방어하며 주변인들에게 조직과 리더에 대한 원망을 쏟아낸다. 유능한 인재들 중 일부는 그 선동에 동조하게 되기도 한다. 때문에 조직 전체의 사기가 저하될 수 있다.

이제 어느 정도 저성과자에 대한 기본적 궁금증이 해소되었을 것이다. 그럼 본격적으로 저성과자의 유형과 특징을 알아보고, 대응 방안까지 탐색해보자.

저성과자 유형1 좌절형. 이 유형은 능력도 없고 의욕도 없다. 그리고 기본적으로 무기력하다. 이 무기력은 이미 습관이 되었거나 자기 방어의 무기가 된 지 오래다. 좌절형 저성과자는 조직이 불필요한 비용을 지불하게 만든다. 또한 아무것도 하지 않다 보니, 아무것도 할 수 없는 상태에 빠져 좌절의 굴레를 벗어나지 못한다. 또한 오랫동안 좌절에 빠져 있다가 용기마저 잃는 경우가 많다. 보통 퇴직을 앞두고 있는 일부 고령자나 어떤 계기로 의욕을 잃고 상실감에 빠져 있는 직원들이 이 유형에 속한다. 이들에게는 업무를 줄여주거나 할 수 있는 업무 위주로 일을 분배하여 작은 성공 경험을 얻게 해줘야 한다. 또는 전환 배치 등 새로운 직무를 주는 것도 좋은 전략이다.

저성과자 유형2 방황형. 능력은 없지만 의욕은 남아 있는 유형이다. 방황하는 저성과자들은 마음대로 되지 않는 현실에 괴로워하며 방황하고 있다. 때문에 홀로 서게 하거나 무작정 봐주면 더 깊은 슬픔과 고독에 빠진다. 다만 이 유형들은 하고자 하는 의욕은 있다. 따라서 리더는 우선 잦은 면담을 통해 이들에게 동기 부여를 해주며 더 이상 방황하지 않도록 신경 써야 한다. 그리고 개인적 경력이나 학력, 성격 등을 사전에 파악하여 적합한 직무를 배분하고, 관련 직무 지식을 학습할 기회를 충분히 주며, 조직 내부 전문가를 연결해주는 등의 다양한 직무 지원을 해줘야 한다. 방황형 저성과자는 도와주면 실행하는 자들이다. 물론 리더의 노력만이 아니라 조직 차원의 제도적 지원도 필수적이다.

저성과자 유형3 분노형. 능력은 있지만 의욕이 없는 유형이다. 조직 혹은 리더에게 갖고 있던 불만이 분노로 변질된 경우, 직무 자체가 본인의 마음에 들지 않는 경우, 경력직으로 입사했는데 능력을 발휘하기에 불편한 상황이 전개되어 속상한 경우 등이다. 이 유형은 억울함을 보상받아야만 본인의 능력을 기꺼이 발휘한다. 억울함이 풀리기 전에는 일에 매진할 생각이 추호도 없다. 따라서 리더는 이들의 불만을 잘 듣고 리더로서 제공할 수 있는 해법을 찾아야 한다. 물론 모든 불만을 다 해결해줄 순 없으므로, 때론 설득도 필요하고 양해도 구해야 한다. 설득과 양해마저 없으면 저성과자 직원의 분노는 일탈로 이어질 가능성이 있다. 이들은 능력이 출중하다. 그 능력을 조직에 반하는 방향으로 발휘한다면, 조직에 얼마나 큰 폭탄이 터질지 충분히 상상이 된다.

저성과자 유형4 환상형. 능력도 있고 의욕도 있지만 자기 고집대로 일하는 유형이다. 경우의 수가 가장 적은 유형이지만, 리더의 사람 관리 역량이 가장 요구되는 유형이기도 하다. 조직은 공통된 목표와 협업으로 전체의 성과를 지향해간다. 그런데 간혹 능력 있는 직원이 잘난 체하며 독자적으로 일을 하려고 하거나, 조직 상황에 어울리지 않는 터무니없는 요구를 할 때가 있다. 환상형 저성과자들이다. 이 유형의 저성과자들은 본인에 대한 확신이 너무 강하기 때문에 고집이 세고, 다른 사람을 말을 잘 듣지 않는다. 리더도 우습게 보고 심지어는 리더를 조롱하며 자기 고집을 굽히지 않기도 한다. 잘난 체하길 즐기기 때문에 자기가 하고 싶은 일에만 집중하며, 이를 주변에 자랑하고 싶어 한다. 다른 동료들의 사기가 떨어질 것은 자명하다. 때문에 환상형 저성과자들을 잘못 관리하면 말 그대로 계륵이 된다. 이들에게는 먼저 부여된 목표를 명확히 인식시키는 게 필요하다. 그리고 전체 업무의 흐름과 연결 고리, 책임감 있는 협업의 당위성을 강조하고, 필요하다면 경고도 해야 한다.

이상의 네 가지 저성과자 유형 분류는 학술적 논거에 기반한 분류는 아니다. 그러나 향후 실증적 연구를 통해 더 연구해볼 가치가 있는 주제다.

저성과자로 살고자 하는 직장인은 아무도 없다. 그러나 힘겨운 조직 생활에서는 누구나 저성과자가 될 수 있다. 리더는 저성과자를 방치해선 안 된다. 조직과 리더 그리고 저성과자 모두 불행해지는 결과를 불러오기에 그렇다. 저성과자를 관리하기 위해 적극적으로 나서라. 저성과자를 단지 방출하는 데서 그치지 말고 선제적으로 저성과자를 예방하는 데 주력하며, 이미 저성과자가 조직에 생겼다면 같은 이유로 유사한 저성과자가 나타나지 않게 관리해야 한다. 그것이 리더의 몫이다.

8

리더의 생존을 이끄는
경쟁적 협력

협력이 있는 곳에 이익이 있다.
리더는 경쟁보다 협력이 더 이익인 이유와 기준을
직원들에게 설명할 수 있어야 한다.

리더를 평가할 때 보통 고수, 선수, 하수로 구분한다. 그렇다면 요즘은 어떤 리더가 고수일까? 고수는 선수 혹은 하수와 어떤 차이가 있을까? 리더의 구분엔 다양한 잣대가 있겠으나, 최근 관심이 커지고 있는 '협업'과 관련하여 리더를 고수, 선수, 하수로 구분해보자.

　　다소 성급하지만 결론부터 말한다면, 하수는 당장의 이익에 급급해 불필요한 갈등을 조장하고, 선수는 자기 이익을 위해 필요할 때만 협력을 허락하며, 고수는 조직의 지속적인 성장과 이익을 위해 경쟁적 협력을 이끈다. 결국 하수는 소탐대실의 위험을 감수해야 하고, 선수는 일회성 성과에 만족해야 하지만, 고수는 지속 성장의 기반을 만든다는 점에서 가장 진화된 리더의 역할을 수행한다고 볼 수 있다.

　　모든 이론은 진화한다. 특히 리더십 이론은 지금도 진화하고 있다. 세상이 변하고 직원이 변하기 때문이다. 과거에는 조직의 위계적 질서가 우선이었고 개인의 가치는 복종과 추종이 전부였다. 경험 많고 권한이 큰 리더가 의사결정도 잘하고 조직의 성과도 잘 냈다. 고급 정보와 지식은 권력이었고, 그 권력은 조직의 생존을 책임지는 중요한 동인이 되었다.

그러나 지금은 조직에 통용되던 지식의 생명 주기가 30년에서 5년 미만으로 줄었다. 축적된 지식의 효용성이 짧아진 것이다. 때로는 지식이 도리어 위험을 초래하는 요인이 되기도 한다. 이 때문에 리더의 축적된 지식과 정보는 더 이상 권력도 아니고 리더의 상징도 아니다. 이제는 변화의 도전을 리더 혼자서 감당해선 안 된다. 조직 구성원들이 함께 건강한 경쟁과 협력을 펼칠 수 있도록 리더가 조력자 역할을 해야만 한다. 즉, 생존을 위해 경쟁만을 추구하던 시대에서, 경쟁과 협력을 동시에 추구하는 '경쟁적 협력'이 절실히 요구되는 시대가 된 것이다. 앞으로는 경쟁적 협력을 이끄는 리더만이 살아남는다.

경쟁적 협력co-opetition이란, 경쟁competition과 협력cooperation을 동시에 추구하는 행위를 의미하는 신조어다. 이미 해외에서는 그 효과성이 실증적으로 검증된 바 있다. 아직 국내에서는 간헐적 연구만 이루어지고 있는 실정이다. 그렇다면 경쟁적 협력을 이끌어내기 위한 리더의 역할은 무엇일까? 경쟁적 협력을 효과적으로 창출하는 리더는 우선 '앞'에 있지 않고 '옆'에 있다. 이끄는 사람이 아니라 함께하는 사람이고, 돕기만 하는 것이 아니라 서로 돕도록 만든다. 그리고 경쟁을 보장해 협력의 동기를 확보한다.

그럼 경쟁적 협력을 창출하기 위한 리더의 역할을 좀 더 구체적으로 살펴보자.

명확한 목표를 수립하고 공정한 경쟁을 보장한다. 모든 갈등은 공정성 시비에서 초래된다고 봐도 무방하다. 조직은 많은 사람이 끊임없이 상호작용하며 자신의 역할을 수행하고, 이러한 역할의 총합으로 성과를 달성하는 단체다. 그래서 사건도 많고 사연도 많다.

하지만 모든 사람에게 모든 면에서 공정하기란 어렵다. 특히 목표가 모호하거나 불명확할 때, 혹은 조직의 공정성에 의심이 들 때 직원들의 협력은 머나먼 일이 된다. 억울한 직원이 다른 직원의 일을 돕거나 협력할 마음의 여유를 갖기는 힘들기 때문이다. 협력은 자신에게 이익이 된다는 확신이 들어야 움직이는 또 하나의 수고스러움이다. 따라서 리더는 직원 개인의 목표를 명확하게 설정해주어 혼란을 최소화하고, 업무 수행 과정에서 발생할 수 있는 공정성 시비를 제거해 건강한 경쟁을 보장해주어야 한다. 그래야 직원들은 일도 치열하게 수행하면서, 필요하다면 서로의 이익을 위해 협력할 수 있는 용기와 동기가 생긴다. 리더가 공정한 경쟁을 보장해주면 리더는 신뢰를 얻고, 직원은 자신이 신뢰하는 리더의 리더십을 따라 기꺼이 협력에 동참할 것이다.

'기버Giver 문화'를 구축한다. 미국 정보과학위원회의 팀수행 능력 평가 연구에서, 기버 문화를 가진 팀이 그러지 못한 팀보다 30% 이상의 성과를 더 산출한다고 밝혀졌다. 기버 문화를 가진 팀은 구성원 간 사회적 상호작용이 강하고 별도의 보상 체계가 없어도 서로를 돕는 것으로 나타난 것이다. 서로에 대한 자부심을 갖는 것 또한 탁월했다. 기버 문화는 어쩌면 강한 자신감과 자부심의 집단적 정서 표현이 아닌가 생각된다. 미국 와튼스쿨 애덤 그랜트 교수는 저서 《기브 앤 테이크》에서 주는 자giver는 존경받는 반면, 받기만 하는 자taker는 공격받는 시대가 되었다고 주장했다. 그래서 주고받는 문화가 정착되어야만 경쟁적 협력을 실현할 수 있다.

구글에서는 1년에 한 번, 자신과 협력했던 직원들의 이름을 회사에 제출하고 그들 중 자신을 도와준 고마운 기버를 선정하게 한다. 가장 우수한 기버로 선정된 사람은 존경과 보상을 받는다. 기버를 인정해주고 존중해주기 위한 조직의 배려이며 자연스럽게 기버 문화를 구축하는 지혜라고 볼 수 있다.

협력할 일과 경쟁할 일을 분리한다. 모든 일을 협력할 수는 없다. 오히려 어떤 일은 협력이 강요되면 부작용이 생기거나 갈등이 촉발되는 것도 있다. 따라서 성과 달성을 위한 개인의 역할과 책임을 정확하고 엄격하게 설정해야 한다. 그리고 개별적으로 경쟁을 해야 효과적인 일과 협력을 해야 효과적인 일을 구분해, 그 영역과 역할을 분명히 해야 한다. 아무리 좋은 명약도 진단과 처방이 잘못되면 무용지물이다. 결국 리더는 일에 대한 정확한 이해와 예측을 통해 경쟁과 협력의 균형감을 잃지 말아야 한다.

경쟁적 협력의 성과를 공유한다. 누구나 이익이 있어야 움직인다. 경쟁적 협력을 진정한 가치로 받아들이려면 직원들도 뭔가 이익이 있어야 한다. 경쟁만도 못한 협력이라면 손해 보면서까지 협력하지 않을 테니 말이다. 리더는 직원들에게 경쟁적 협력의 가치를 관념적으로 설명할 게 아니라, 실질적인 가치를 산출해 보여주어야 한다. 그리고 실제로 성과가 나면 이익을 공유해 경쟁적 협력의 가치에 대한 인식을 높이고, 이 행위가 반복될 수 있도록 해야 한다.

경쟁적 협력의 효과성 연구는 아직 진행 중에 있어서 그 결과를 아무도 장담할 수 없다. 그러나 분명한 사실은 건강한 경쟁으로 서로의 경쟁력을 키우는 동시에 협력이 필요하다고 판단되는 순간에는 리더를 따라 협력하는 지혜로움이 모두에게 이롭다는 것이다. 경쟁적 협력은 아름다운 이름과 달리 실행은 결코 아름답지 않을 수 있다. 모든 리더가 고수는 아니니까 말이다. 그러나 선택이 사명인 시대인 만큼 리더는 경쟁적 협력에 지속적으로 관심을 가져야 할 것이다.

5장
—
새로워지는 조직문화를 위한
리더십 전략

전설적인 성공 사례를 보유한 글로벌 기업들도 이제는 새로운 스타일의 조직문화를 정착하려 노력한다. 왜 그럴까? 급변하고 불확실해지는 4차 산업혁명 시대가 도래했기 때문이다. 세상이 바뀌었으니 조직도 바뀌어야 한다. 오래 살아남는 조직은 조직문화부터 바꾸고 있다. 위기에 민첩하고 실천적 혁신을 행하는 조직문화 혁신 방법을 알아보자.

임원의 혁신으로 만들어지는
애자일 조직

대팀제 기반의 애자일 조직은
임원이 감독만 하지 않고 실무도 하는
혁신을 보여야 가능하다.

임원은 기업 조직의 꽃이다. 직장인이라면 누구나 임원을 꿈꾼다. 성공의 증거로 인식되기 때문이다. 임원이 되면 많은 것이 풍요로워지고 조직 생활도 여유로워진다. 이것이 그간의 인식이었다.

그러나 지금은 전혀 다른 모습이 나타나고 있다. 익숙한 표현은 아니지만, 몇몇 대기업을 시작으로 '댓팀제'를 가동하고 있다. 대팀제를 시행하는 이유는 급변하는 경영 환경에 선제적이고 민첩하게 대응할 수 있는 '애자일 조직Agile Organization, 민첩한 조직'이 되기 위해서이다. 대팀제란 임원이 팀장이 되고, 기존의 팀장은 PMProject Manager이 되어 프로젝트 실무를 담당하는 것을 말한다. 애자일 조직은 부서 간 경계를 허물고 필요에 맞게 소규모 팀을 구성해 유연하게 업무를 수행하는 조직문화다. 그러니까 대팀제는 임원이 완전히 변하는 것을 요구하는 일이다. 덕분에 임원은 직장인의 정점에서 이제 직장 생활의 일부가 되어버렸다.

그렇다면 기업은 왜 임원의 변신을 요구하는 대팀제를 선호할까? 현재 상황에 답이 있다. 지금처럼 앞으로도 혁신은 화두일 것이다. 이는 좋은 징조라기보다는 불안 징조에 더 가깝다. 구호만 외치는 혁신이 아니라 살아남기 위한 진짜 혁신을 해야 할 만큼 현실이 절박해졌고 미래에도 그럴 것이라는 뜻이기 때문이다.

과거에는 조직이 혁신을 한다면 팀장 이하의 직원들에게만 혁신을 주문하고, 임원은 이를 감독하고 지휘하는 경우가 대부분이었다. 혁신의 주체인 동시에 객체이어야 할 임원의 역할과 책임이 빠져 있었던 셈이다. 당연히 성공했을 리 만무하다. 경영자는 주문하고, 임원은 지시하며, 팀장만 책임지고, 팀원은 움직이지 않는 지극히 불편한 혁신은 이제 그만해야 한다.

이 같은 관점에서 기업은 임원의 혁신이 애자일 조직을 만드는 데 초석이 될 것이라 기대한다. 임원의 민첩함이 조직의 민첩함을 결정한다고 확신하고 있기 때문이다. 초조해진 조직에 활력을 불어 넣는 건 책임감 강하고 솔선수범하는 리더십이다. 그 중심에 임원이 있어야 한다.

그렇다면 애자일 조직을 만들기 위한 임원의 혁신은 준비되어 있을까? 혁신은 할 만한 혁신이어야 하고, 할 수 있는 혁신이어야 하며, 해야만 하는 혁신이어야 성공할 수 있다. 따라서 본격적인 대팀제 시행에 앞서 무엇이 달라지고, 또 임원은 무엇을 어떻게 해야 하는지를 알아야 한다.

대팀제가 시행되면 '감독'만 하던 임원에서 '실무'도 하는 임원으로 변해야 한다. 지금까지 임원의 역할은 전략을 수립하고 지시하며 감독하는 업무가 대부분이었다. 직접 뛰기보단 점잖게 뒤편에 서서 판단만 했다. 그러나 이제는 임원이 직접 행동대장이 되어 실무를 주도

해야 한다. 당연한 말이지만, 실무를 주도하려면 실무를 잘 알아야 한다. 따라서 임원이 더 공부하고 더 고민해야 한다. 대팀제 하에선 임원이 새로운 이슈를 제시하고 실행까지 해야 한다. 힘들지만 직접 해야 한다는 얘기다. 직접 하지 못하면 힘이 남아도는 후배들에게 모든 것을 양보해야 한다. 그래서인지 요즘은 신임 임원의 연령이 점차 낮아지고 있다.

이제부터 임원도 자신의 축적된 실무 능력을 점검하고 새로운 역량을 구축하자. 이제는 임원이 직접 모든 것을 해야 하니 핑계 삼을 만한 사람도, 원망할 사람도 없다. 모르는 건 후배에게 물어보고 배워야 한다. 그래야 조직과의 단절을 피할 수 있다. 아랫사람에게 모르는 것을 묻는다 할지라도 이를 절대 부끄럽게 생각하지 마라. 가혹하지만 현실을 직시하고 최종 병기를 만들기 위해 늘 학습해야 한다.

대팀제 하에선 '팀' 중심 리더십이 아닌 '프로젝트' 중심의 리더십이 필요하다. 과거에 임원은 안정된 조직 구조 안에서 팀 단위의 목표와 조직만 관리하면 됐었다. 즉, 팀장만 통제하면 팀을 통제하는 것과 같았다. 임원의 권한 범위는 넓지만, 실제적 조직 관리 통제의 폭은 팀장에 국한되어 있었던 것이다. 그래서 뭔가 잘못되면 팀장을 추궁하면 됐다. 팀원들의 역량과 현재 업무량, 업무 강도 등은 임원이 아니라 팀장의 의무이고 책임이었다.

그러나 지금은 그 모든 것이 간단치가 않다. 임원은 팀장만이 아니라 참여하고 있는 모든 팀원을 파악하고 관리해야 한다. 팀장과 팀원 모두를 임원이 대팀장이 되어 관리하는 셈이다. 만약 프로젝트가 많고 팀원 수가 많다면, 그만큼 임원의 부담은 커질 수밖에 없다. 쉬운 일이 아니다. 물론 각 프로젝트 팀장들의 협조와 자발적 주도력이 뒷받침될 것이나, 원초적인 책임은 결국 임원에게 있다. 이런 상황에선 임원 리더십의 폭이 조직 전체라고 해도 과언이 아니다. 관리해야 할 조직의 규모가 커진 만큼 임원은 공정성과 균형감을 유지하기 위해 노력해야 한다.

대팀제 시행 후엔 '정기 점검'보다는 '수시 점검'을 통해 틈새를 관리해야 한다. 지금까진 변화의 속도가 완만하고 인내할 수 있는 변화였다. 문제가 있다 해도 정기적인 회의나 보고를 통해 점검하고 보완만 해도 치명적인 상황은 피할 수 있었다. 그러나 앞으로는 정기적인 점검을 초월해 수시로 일과 사람을 점검하고 또 점검해야 한다. 선제적이고 적극적인 자세로 프로젝트 과정을 꼼꼼히 수정하고 보완하는 노력이 필요한 것이다.

리더가 실패하는 이유 가운데 하나가 바로 '틈새 관리'의 실패다. 틈새 관리에 실패하면 프로젝트도 실패하고 리더도 실패한다. 특히 동일한 이유로 동일한 실수를 반복해선 안 된다. 조직은 냉정해졌고 기회는 귀해졌다. 그래서 한번 무너지면 재기하기 힘든 게 요즘의 현실이다. 긴급하지도 않고 중요하지 않다고 판단되는 불필요한 일들은 가차 없이 제거해야 한다. 더불어 프로젝트를 임원이 정확히 파악하고 있어야 하는 것은 물론, 프로젝트 리더에게 권한도 부여해야 하고 함께 협의도 해야 하며 팀원들 관리도 해야 한다. 그 밖에도 부정적인 정보가 발생하면 가장 먼저 임원에게 보고되도록 만들어야 한다. 부정적인 정보가 의사결정자에게 가장 늦게 전달되는 조직은 도리어 가장 먼저 망한다. 이 모든 일은 임원이 혼자서 할 수 없고, 또 혼자 해서도 안 된다. 수시로 조직 구성원들을 만나 점검하고 보완해야 한다. 그 누구도 막연하게 믿어선 안 된다. 임원이 직접 챙겨야 한다.

이처럼 대팀제 실행과 임원의 혁신 리더십, 그리고 애자일 조직의 실현 사이에는 커다란 상관관계가 있다. 임원마저 변하길 강요하는 현실이라면, 어쩔 수 없이 따라야만 한다. 임원의 혁신이 애자일 조직을 만드는 '신의 한 수'가 되기를 간절히 바라며 모든 임원께 격려의 인사를 전한다.

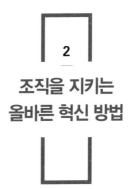

2

조직을 지키는
올바른 혁신 방법

의욕만 가지고 혁신을 시도하는 최고경영자는
그 의욕에 직원들이 지쳐 떨어지는
결과만 보게 된다.

혁신은 조직의 생존을 위해 반드시 필요한 전략적 선택이다. 경쟁이 치열할수록 혁신에 대한 갈망이 커진다. 보다 나은 미래를 보장해준다는 믿음이 있기 때문이다. 그러나 강한 믿음은 종종 불가피한 희생과 무리수를 동반한다. 혁신 역시 너무 맹신하다 보면 무리수를 두게 되고 광범위한 희생을 요구하게 된다.

잘못된 혁신은 재무적 비용을 소모하게도 하지만, 그보다 조심해야 할 피해는 직원의 희생이다. 혁신은 목적이 다양한 만큼 그 방법도 다양한데, 자칫하면 혁신이란 이름 아래 급격한 구조조정을 단행하게 되는 경우가 있다. 이 과정에서 가장 먼저 희생되는 게 직원이다. 모두가 안전한 상태로 혁신을 한다면 얼마나 좋을까? 이러한 바람에도 불구하고 혁신은 그 가치에 비해 출혈이 많을 수밖에 없다.

그렇다면 이렇게 피해가 있는 혁신을 대체 왜 시도하는 걸까? 조직마다 여러 이유가 있겠지만 공통적으로 나타나는 몇 가지 이유가 있다.

조직들은 어려운 현 상황을 극복하기 위해 혁신을 추진한다. 상황을 극복한다는 것은 매우 어려운 일이다. 그래서 현 상황이 어려운 원인을 찾다가 어느 한 사람 또는 어느 한 부서가 문제아로 낙인찍혀

리더의 길

혁신의 원인인 동시에 대상이 되기도 한다. 경기가 좋을 때야 혁신할 필요가 없으니 책임질 사람도 굳이 필요치 않았다. 그러나 조직 환경이 어려워지면서 누군가는 현 상황에 대해 책임을 져야만 한다.

보다 나은 미래를 위해 잘나가는 기업들이 도입하고 있는 혁신을 모방하고자 한다. 근래 들어 애자일 조직을 위한 혁신을 시도하는 사례가 급격히 늘고 있다. 애자일 조직을 선택했던 10년 된 스타트업 기업이 100년 된 기업보다 뛰어난 성과를 올리는 현상이 나타났기 때문이다. 경영자라면 그 기업을 무슨 수를 써서라도 닮고 싶을 것이다. 사실 과거에도 이러한 욕망은 흔히 있었다. 그렇게 동시다발적으로 혁신의 구호가 울릴 때마다 많은 이들이 희생되었지만 좌절했고 실패했다. 급격한 혁신은 일관성이 부족했고 인내심은 약했기 때문이다. 혁신에 시달린 직원들은 경영자가 야속했고 경영자는 직원들이 원망스러웠다. 그러나 이제 직원들은 불가피한 희생과 무리수가 따르는 혁신을 기꺼이 받아들이지 않는다. 그래서 요즘의 혁신들 대부분 신토불이가 아닌 경우가 많다.

혁신이 가져올 눈부신 성과를 생각하면 경영자가 혁신에 집착하는 것도 이해는 간다. 그러나 문제는 준비가 안 된 상태에서 성급히 혁신하겠다고 나서거나 자신의 조직 환경과 상관없는 혁신 사례를 무조건적으로 들여오는 일이다. 성급한 혁신은 혁신의 주체인 직원에게는 엄청난 부담이다. 그러니까 잘되자고 하는 혁신이 사람 잡고, 조직도 잡는 것이다.

그렇다면 혁신을 성공적으로 조직에 도입하려면 무엇이 전제되어야 하는지를 탐색해보자.

첫째, 조직 내부 상황을 정확히 파악해야 한다. 옷에 몸을 맞출 수는 없는 일이다. 아무리 베스트 사례가 존재하는 혁신이라 할지라도 우리 조직에 적합한가를 먼저 철저하게 따져봐야 한다. 보통 혁신은 의욕이 앞선 경영자의 갑작스러운 주문에 의해 실행되는 경우가 많다. 주문은 경영자가 하고 준비는 리더가 하지만 실행은 실무자가 한다. 경영자는 흥분이 앞서고 리더는 걱정이 앞서며 실무자는 피곤이 앞선다. 혁신의 필요성이 아무리 간절하다 할지라도 현실적인 준비가 되어 있지 않다면 조직에 무리가 가게 되어 있다. 재무적 상황, 인력 상황, 문화적 상황, 경쟁자 상황 등을 신중하게 고려하여 의사결정을 해야 한다.

둘째, 혁신을 추진할 내부 역량을 점검해야 한다. 대부분의 조직은 비용 절감이 습관화된 지 오래라 여유 인력이 없다. 돈이 여유가 있어도 인력을 남기지는 않는다. 당연히 조직엔 혁신하고자 하는 분야에 대한 전문성을 갖춘 직원이 있을 확률이 적다. 그래서 보통 혁신은 외부 전문가의 도움을 받는다. 이렇게 외부 전문가에게만 의존하고, 내부에서 혁신을 소화하고 효과적으로 추진할 담당자를 확보하지 못하면 비용만 쓰고 효과는 적다. 돈 벌자고 한 일이 돈만 쓰고 끝나는 것이다. 만약 혁신에 도움이 될 내부 역량이 부족하다면 전문가를 내부 인사로 영입하거나, 담당자를 지정해 선행학습을 해둬야 한다. 그러고 나서 외부 전문가를 불러 조직 내 상황을 제대로 전달하게 해야 한다. 의욕과 실행력은 다른 개념이다. 아무리 위에서 지시를 받고 하는 일이라 할지라도 수행 역량이 부족하면 혁신이 성공할 리 없다.

셋째, 최고경영자의 의지와 실력이 전제되어야 한다. 대부분 혁신의 주문은 위에서 아래로Top-Down 전달된다. 혁신에 대한 관심과 추진은 최고경영자의 의지와 비례하기 때문이다. 최고경영자가 내리는 혁신 주문은 직원들에게 압력이기도 하지만, 동기 부여가 되기도 한다. 하지만 그렇다고 최고경영자가 의지만 가지고 혁신을 성공으로 이끌 수는 없다. 의지와 더불어 '실력'이 뒷받침되어야 한다. 실제적으로 최고경영자가 혁신을 주도하는 과정에는 미래 가능성과 긍정적 비전 설명하기, 직원들의 동참을 진정성 있게 독려하기, 구체적이고 현실적인 지시 내리기 등 다양한 역할이 있다. 이 모든 게 가능하려면 결국 최고경영자의 실력이 전제되어야 한다. 그냥 혁신만 요구하고 실제 과정은 직원들이 알아서 하게 놔두면, 직원들만 지쳐 나가떨어진다. 대체로 의욕만 앞서는 최고경영자에게 혁신의 개념은 있으나 방법론이 없다. 진정한 혁신은 최고경영자가 꾸준히 학습하며 판단력을 키워 지혜롭게 이끄는 것이다. 그래야 조직 모두가 보람 있고 성공적인 혁신을 해낼 수 있다.

넷째, 전담 부서를 두어 혁신을 일관되게 실행해야 한다. 혁신은 인내가 필요하다. 비용과 함께 시간도 많이 든다. 또한 근본적인 혁신일수록 조직의 구조와 전략 그리고 문화의 변화를 수반하기 때문에, 도입은 빨라도 효과는 더디게 나타난다. 따라서 혁신을 전담하는 부서가 보장되어 있어야 한다. 지속적으로 혁신을 추진하고 점검하며, 도입 후 나타나는 문제를 보완하는 작업까지 실행할 전담 부서는 필수이다. 그리고 이 혁신 전담 부서는 반드시 공식적인 부서로서의 의무와 가치, 권한을 부여해야 한다. 주인이 있는 기업은 혁신의 의도와 방향, 강도가 변하는 게 문제이고, 공기업과 같이 주인이 없는 기업은 혁신을 주문한 최고경영자의 신상에 변화가 생기는 게 문제가 된다. 갑자기 혁신이 중단될 수도 있기 때문이다. 이러한 경우가 발생하면 직원들은 이루 말로 다할 수 없는 피로감을 느끼며, 양치기 소년의 거짓말을 믿지 않는 마을 사람들처럼 소득 없는 혁신에 내성이 생기게 된다. 따라서 진정한 혁신의 성공은 조직의 지배 구조의 변화나 여러 변수에도 명확한 혁신의 방향과 효과를 책임질 전담 부서를 만들고, 그 부서에 힘을 실어주어야 보장된다.

다섯째, 직원들의 참여와 협력을 정중히 구한다. 혁신의 주문은 경영자가 해도 실행 주체는 직원이다. 직원들의 이해와 참여 그리고 협력이 있어야 혁신은 성공할 수 있다. 그런데 자칫하면, 직원은 혁신의 주체가 아니라 혁신의 대상이 될 수 있다. 즉, 혁신이 직원을 불안하게 만드는 것이다. 잘살자고 하는 혁신이 저항의 대상이 된다면, 이보다 어리석은 경영도 없을 것이다. 실행의 주체인 직원들이 혁신의 의미를 깨달을 수 있도록 최고경영자는 반드시 혁신이 가져올 긍정적 결과를 설명하고 직원들의 자발적 참여와 협력을 정중하게 요청해야 한다.

혁신은 도입만 한다고 성공하는 것이 아니다. 우선 현 조직에 맞아야 하고 실행할 역량도 있어야 한다. 그리고 최고경영자의 의지와 실력, 전담 부서를 만드는 조직적 노력과 비용까지 모두가 중요하다. 혁신의 이유와 방법 그리고 혁신의 가치를 솔직히 직원들에게 고백하고 양해와 협력을 구해야 하는 건 너무나도 당연하다.

물론 어려운 일이다. 그러나 그렇게 하지 않으면 혁신의 달콤한 보상 대신 쓰디쓴 대가만 치르게 된다. 사람 잡는 혁신이 아닌, 사람을 위한 혁신을 위해 앞서 이야기한 것들을 명심해야만 한다.

3

위기 상황에서 돋보이는
리더의 세 가지 매력

리더의 역량은 예측력, 판단력,
실행력으로 구성되고 평가받는다.

리더의 치명적인 매력은 언제 돋보일까? 결정적인 순간에 뭔가를 보여줄 때가 아닐까? 직원들의 기대감을 충족했을 때 비로소 리더는 존경받고 대가를 얻는다. 직원들의 기대감이 곧 리더의 역할이다. 만약 직원들의 기대에 어긋난다면 리더의 운명도 어긋나고 만다. 직원들이 리더에게 기대하는 바는 배려와 동기 부여 같은 심리적인 것도 있겠지만, 더 근원적인 것은 조직의 생존과 안녕_{安寧}이다. 이러한 직원들의 근원적인 기대감을 충족해주려면 리더는 세 가지 매력을 구비하고 있어야 한다.

　　첫 번째 매력, '예측력'. 조직이 위기에 처하면 불안감이 조직 전체로 확산된다. 이때 재빨리 대안을 찾는 것은 리더의 몫이다. 조직이 직면한 위기는 누구나 감지하지만 아무나 해결에 나설 수 없다. 이는 전적으로 리더의 몫이다. 위기 상황에서 리더의 내공은 시험대에 오른다. 닥쳐올 조직의 미래를 예측하고 대비하는 내공의 수준은 리더의 몸값을 결정짓는 근거가 된다. 리더의 결단이 곧 조직의 운명을 결정할 공산이 크기 때문이다. 적어도 단박에 위기를 타파할 전략은 아닐지라도, 조직의 미래를 제시할 수 있어야 리더는 존경을 얻을 수 있다.

200년 역사를 가진 미국의 듀폰Dupont은 1940년에 나일론을 개발하여 세계 최대 화학섬유기업으로 성장했다. 당시 나일론 스타킹이 첫 판매를 시작했을 때 몇 시간 만에 400만 개의 판매고를 올릴 정도로 인기가 뜨거웠다고 하니, 그 성공이 얼마나 대단했는지 짐작이 간다. 그런데 1900년대 후반에 들어 듀폰은 돌연 나일론을 중심으로 한 섬유사업을 매각하겠다는 충격적인 선언을 한다. 주력 사업을 포기하는 대신 식량산업에 진출하겠다고 선언한 것이다. 당시 듀폰의 최고경영자였던 채드 홀리데이Chad Holiday는 섬유산업은 점차 개발도상국의 차지가 될 것이고, 이러한 상황이 되면 듀폰의 경쟁력은 심각하게 약화될 것이라 판단했다고 한다. 그래서 식량사업을 듀폰의 신성장 동력으로 결정했던 것이다.

　　듀폰이 섬유 등 기존 사업을 과감히 매각할 수 있었던 이유는 농업·영양사업을 섬유사업에 버금가는 규모로 훌륭하게 성장시킬 자신이 있었기 때문이다. 결국 1999년 채드는 섬유의 원료가 되는 석유사업을 매각분리하고 2002년에 제약사업을 매각했다. 또한 2005년에는 섬유화학사업을 매각하고 식량사업과 관련된 농업 및 영양부분 사업들을 과감히 인수했다. 이후 듀폰의 예측은 적중했고, 지금의 듀폰은 새로운 이름으로 과거의 영광을 유지하며 승승장구하고 있다.

　　두 번째 매력, '판단력'. 위험한 상황에 직면하면 개인이나 조직은 가장 먼저 판단력이 흐려진다. 더욱이 갑자기 닥친 위협은 판단력을 더욱 심각한 수준으로 떨어뜨린다. 심지어 동종업계 전체에 위험이 불어닥친 상황이라면 해법을 벤치마킹할 대상도 없고 오로지 개별 조직의 판단으로 위기를 해결해야 하는 진퇴양난의 상황이 된다. 이럴 때 리더가 내리는 판단은 조직의 운명을 결정한다.

전통적인 필름 시장에 전자회사들이 만든 디지털 카메라가 뛰어들면서 필름 시장은 극도의 혼란을 겪었다. 대표적인 게 세계적인 필름제조기업 코닥Kodak이다. 코닥은 2012년에 파산신청을 내고 옛 명성을 잃었다. 그때가 코닥이 설립된 지 131년 되던 해였다. 131년의 저력도 환경 변화와 위기를 견디지 못한 것이다. 코닥의 위기는 모든 필름회사에게 예외가 아니었다. 코닥의 절망을 지켜봤지만 생존법을 찾을 만한 곳이 하나도 없었다.

이와 같은 상황에서 일본의 후지필름은 필름 시장에 닥친 위험을 다른 방식으로 판단했다. 핵심 판매 제품인 필름에 집중하지 말고, 자신들의 핵심 기술에 집중하기로 한 것이다. 후지필름은 자신들이 가장 잘할 수 있는 기술을 응용한 새로운 사업을 찾고자 했다. 그러던 중 필름 제조 과정에서 보유하고 있던 황산화 기술을 응용한 '아스타리프트ASTALIFT'라는 화장품 개발에 성공한다. 이 화장품은 기대 이상으로 큰 성공을 거뒀다. 또 후지필름은 2014년에 에볼라 바이러스 치료제인 '아비간AVIGAN'을 생산하여 세계의 주목을 받았다.

후지필름의 놀라운 변신은 바로 최고경영자인 고모리 시게타카森重隆의 판단력 덕이었다. 현재 후지필름은 기존에 보유하고 있던 핵심 기술을 기반으로 제약·화장품·의료장비·재생의학 등의 헬스케

어사업을 확장하는 한편, 현재 60%인 해외 매출 비중도 향후 5년 안에 80%로 확대할 예정이다. 필름업계가 모두 침체된 상황에서 최고 경영자의 뛰어난 판단력으로 의외의 선택을 해 생존 이상의 새로운 성장을 거둔 후지필름을 많은 리더가 눈여겨보아야 할 것이다.

세 번째 매력, '실행력'. 대안이 있어도 실행이 없으면 결과도 없다. 리더의 생각이 아무리 강해도 실행이 따르지 않으면 리더십은 의심 받는다. 조직에서는 리더가 움직여야 모두가 움직인다. 조직의 자율은 원래 리더의 그늘 아래 존재하는 것이다. 그래서 무엇 하나라도 리더의 손길이 닿지 않는 것은 결과가 빈약해진다. 더욱이 명령과 추종에 익숙한 일반적인 조직이라면 리더의 살신성인은 결정적인 영향력을 발휘한다.

중국의 하이얼Hier은 전 세계 가전 시장의 9.7%를 점유하고 전 세계 160개국에 제품을 수출하는 가전기업이다. 2014년 기준 매출이 약 35조 8,800억 원에 달할 정도로 규모가 크다. 그러나 30년 전만 해도 하이얼은 망해가던 회사였다. 칭다오에 공장을 두고 냉장고를 생산하던 하이얼은 1984년 147만 위안의 적자를 내며 근근이 이어가고 있던 회사였다. 당시 수많은 경쟁사와 높은 불량률로 위기를 겪던 하이얼을 바꾼 건 바로 장루이민張瑞敏 회장이다. 그는 하이얼이 살아남는 방법은 제품의 생산량이 아니라 품질이라고 선언했다. 불량을 줄이고 고품질을 강조한 장루이민의 외침은 사실 처음엔 잘 통하지 않았다. 직원들이 타성에 젖어 있던 탓이다. 장루이민은 직원들의 변화를 위해 충격 요법을 썼다. 불량품이 발생하면 모두가 보는 앞에서 커다란 쇠망치로 불량품을 깨뜨린 것이다. 그리고 더불어 현장에 직원들과 함께 머물며 품질 경영의 중요성을 강조하는 등 품질 경영을 몸소 실행했다. 그 덕에 직원들이 서서히 변하기 시작했다. 품질 경영에 자발적으로 동참하기 시작한 것이다. 이러한 노력의 결과로, 하이얼은 중국 최초로 에프터 서비스를 도입하며 품질 경영의 대명사로 거듭났다. 장루이민 회장의 살신성인의 실행력이 없었다면 불가능한 일이었다.

조직의 위기는 리더의 능력에 따라 달라질 수 있다. 특히 리더의 예측력과 판단력, 실행력은 조직의 위기 탈출에 중요한 역할을 한다. 리더는 이 능력들 간에 균형을 이루고 유지해야 한다. 이 중 한 가지만 흔들려도 리더십은 흔들리고 만다.

직급이 높아지면 한 가지만 실패해도 평판이 나빠진다. 그래서 리더는 아무나 하는 것이 아니다. 한 가지만 잘하고자 하는 리더는 모든 일을 한 가지 능력의 관점에서 해석하고 대응하고자 하기 때문에 쉽게 균형감을 잃고 실패한다. 조직의 위기는 리더의 권력이 아닌 리더십으로 해결된다는 걸 기억하자.

4

세대 차이를 극복하는
실천적 조직 가치

조직에서 세대 차이가 발생하면,
조직이 존재하는 이유와 사명이 세대 간에
잘 전달되지 않는 문제가 야기된다.

공짜로 일시키는 것도 아닌데 직원들 다루기가 여간 힘든 것이 아니다. '조직'보다는 '개인', '일'보다는 '삶의 질', '성취'보다는 '성장'에 더 민감한 것이 요즘 직장인들이기 때문이다. 이러한 현상은 어느 조직에서나 예외 없이 나타나고 있다. 어쩌면 이미 익숙해진 일인지도 모르겠다.

직원들의 인식 변화가 이루어지면서 조직 내에서 세대 차이로 인한 갖가지 문제가 발생하고 있다. 다른 조직과의 갈등에 대응하는 것도 버거운데, 조직 내부에서 발생하는 갈등을 해소하려니 리더의 고민이 날로 깊어가는 건 당연하다.

조직은 크게 '구세대'와 '신세대' 그리고 그 사이에 '낀 세대'가 있다. 구세대는 말 그대로 개인과 가족의 희생을 담보로 지금껏 앞만 보고 달려온 무적無敵의 선배들이다. 그들은 추억도 많고 할 말도 많다. 다만 조직을 떠날 날이 가까워오며 앞날에 대한 걱정이 많은 세대이기도 하다.

신세대는 조직을 자신의 체면을 유지해주는 버팀목이라 여기긴 하지만, 그렇다고 구세대처럼 자신의 에너지를 전부 희생할 만큼 헌신적이어야 할 곳이라고는 생각지 않는다. 조직을 스펙을 쌓기 위한 하나의 과정이나 도구쯤으로 생각하는 경향이 있어서다. 그래서 조직은 애가 타는데, 정작 신세대는 가볍고 자유롭게 직장 생활을 한다.

한편 구세대와 신세대 사이에 끼어 있는 '낀 세대'는 구세대의 권위에 적절히 복종하는 동시에, 신세대의 눈치도 살피며 살아간다. 가끔은 이기적인 신세대를 얄미워하기도 한다. 그런데 구세대와 신세대가 동시에 서로의 불편함을 호소할 때면 중간에서 낀 세대는 괴롭기 짝이 없다. 서로가 자신만 들들 볶는 것 같다. 그래서 낀 세대는 조직에서 불가피하게 양면성을 유지하며 살아간다.

각 세대 간 연결 고리가 약해지면 시너지 창출은 고사하고 오히려 조직 내부에 비생산적 갈등이 발생한다. 조직의 각 세대 간 관계는 단순히 연결되어 있는 것만으로는 부족하다. 따라서 리더는 세대 간 연결 고리를 더 강력하게 연결하고자 노력해야 한다.

세대 간 차이가 벌어지면 심각하게 대두되는 문제가 바로 '무관심'이다. 동료끼리 무관심하면 조직에도 무관심해진다. 결국 모두가 '방관자'로 전락하기 십상이다. 영혼 없는 좀비 같은 직원들이 존재하는 조직은 더 이상 조직이라 말하기 어렵지 않을까?

그렇다면 경영자는 이러한 세대 차이를 어떻게 극복해야 할까? 대부분의 경영자는 구세대에 속해 있고 가까이에는 낀 세대가 있다. 신세대는 비교적 멀리 있기 때문에 경영자의 눈에 잘 보이지 않는다. 보이지 않으면 잘 모르게 되고, 잘 모르면 이해하기 어렵다.

요즘의 경영자들은 세대 차이의 징후는 인지하면서도, 별다른 대책을 제시하지 못하고 있는 것이 현실이다. 그저 시간이 지나 신세대가 낀 세대가 되면 자연스럽게 철이 들겠거니 하는 안일한 생각을 한다. 그런데 요즘 신세대는 시간이 지난다고 저절로 조직에 대한 이해와 헌신의 의지를 키우지 않는다. 본인부터 생각하는 습성이 더 강해지고, 이는 그다음에 들어오는 신세대에게 세습된다. 과거와 달리 젊은 직장인들이 승진을 포기하고 직장에서 버티는 데 집중하거나, 제2의 인생을 준비하는 데 시간과 비용을 투자하는 경우가 느는 것도 이러한 현상 때문이다.

그렇다고 경영자가 영리한 신세대 직원들을 다 내보내고 말 잘 듣는 직원들만 데리고 가겠다 결정하면, 그 경영자 또한 바보가 된다. 이젠 세대 간 차이를 극복하고, 영리해진 직원들을 하나로 연결할 수 있는 방법을 진지하게 고민해야 한다.

그 해답은 '조직 가치'에 있다. 조직 가치를 다시금 재정비하고 이를 조직 내에 공유하라. 구호만 외치는 가치가 아닌 낀 세대와 신세대의 동참을 이끌어낼 수 있는 **실천적 조직 가치**가 필요하다. 경영자와 구세대가 직접 나서야 한다. 경영자를 중심으로 구세대들이 먼저 기업 가치를 일관된 목소리로 전파하는 것이다.

한 가지 다행스러운 일은 신세대는 진정성과 의미가 있는 조직의 가치를 충분히 받아들일 용의가 있다는 것이다. '왜 우리 조직이 다닐 만한 가치가 있는가?'를 신세대들에게 명확히 제시한다면 그들의 마음을 움직일 수 있다. 신세대는 젊은 만큼 뜨겁고 정직하다. 낀 세대에게도 조직 가치를 강조하여 설득한다면 그들은 협력을 기반으로 신세대를 끌어안을 수 있다.

이 모든 건 경영자와 구세대가 먼저 학습해야만 가능하다. 조직 가치를 실천 가능한 형태로 만들어 가시적인 방법으로 공유하는 법에 대해 경영자와 구세대가 깊이 고민해야 한다.

그리고 낀 세대를 교육하고 신세대를 북돋울 수 있는 기회를 만드는 것으로 세대 차이는 극복할 수 있다. 가장 좋은 방법은 조직 내부에서 준비하고 선배들이 직접 참여하는 코칭 혹은 멘토링이다. 업종이나 부서가 다르더라도 세대 간에 만남과 대화의 장을 제공해야 한다. 물론 대화의 주제는 공유해야 할 조직의 가치를 중심으로 한다. 만약 경영자가 바람직한 조직 가치를 제시하지 못하거나 구세대와 낀 세대의 동참을 이끌어내지 못한다면, 세대 간 연결 고리는 금방 헐거워지고 말 것이다.

이렇게 직원들을 하나로 이어주는 조직 가치를 전파하기 위해서 경영자가 알아야 할 것들을 살펴보자.

조직 내 세대 차이를 인정하라. 세대 차이는 결코 가볍게 취급할 문제가 아니다. 세대 차이가 갈등으로 발전하면 가장 먼저 세대 간 대화가 단절된다. 대화가 단절되면 오해가 빈번해진다. 오해는 각 세대별로는 심리적 단결을 강화하나, 세대 간에는 무관심과 반목을 가져온다.

세대 차이를 좁히기 위한 별도의 부서나 담당자를 만들고, 힘을 실어주라. 세대 차이의 극복은 일관성 있고 체계적인 접근이 필요하다. 경영자의 관심이 집중되어야 함은 물론이다.

세대 차이 극복을 위한 방안들이 실험되는 과정과 결과를 조직 전체에 공유하라. 세대 차이 문제는 소통의 부재가 발생하면 더욱 악화된다. 따라서 전 직원들이 해결 과정을 잘 알고 집중하도록 해야 한다. 세대 차이는 신세대만이 아니라 구세대와 낀 세대, 그리고 경영자까지 연관된 일임을 잊지 말자.

이제라도 경영자는 조직의 세대 연결 고리를 확인하고 이를 탄탄하게 해줄 실천적 조직 가치를 재정립해야 한다. 나이는 달라도 우리는 하나임을 잊지 말아야 할 것이다.

5

조직을 떠난
임원 리스크를 예방하는 법

조직에게 버림받은 임원은
자신이 지켜온 조직의 약점으로 반격해 온다.

과연 임원은 조직 생활의 꽃일까, 끝일까? 임원은 되기도 힘들지만 되더라도 유지하기가 더 어렵다. 그런데 왜 모두들 임원이 되려는 걸까? 그 이유를 먼저 살펴보고, 달라진 임원의 위상에 대해 알아보자.

이유1 관습적 인식. 임원은 성공한 샐러리맨의 상징으로 인정받아왔다. 지금도 그렇다. 말로는 임원을 '임시직'의 줄임말이라고 조롱하지만, 속내는 모두 다 한번 임원에 올라가보고 싶어 한다. 과거 체면을 중시하던 시절에는 임원에 대한 갈망이 더욱 컸다. 가족과 주변인들로부터 존경과 부러움의 대상이 되는 것은 물론이고 장원급제라도 한 듯한 강한 자부심을 안겨주었다. 그런데 지금은 임원에 대한 인식이 예전만 못하다. 단기실적주의와 지나친 경쟁으로 임원의 수명이 단축되었고, 그로 인해 조급해진 임원들을 보며 대부분 측은한 시선을 갖는다. 반은 부럽고 반은 두려운 게 임원이다. 임원인 사람들도 이 점을 잘 알고 있다. 자부심과 불안감을 동시에 안고 조급한 마음으로 리더십을 발휘하고 있는 상황인 것이다.

이유2 경제적 혜택. 일단 임원이 되면 경제적 혜택이 많아진다. 연봉 상승에 차량 제공은 물론이고 법인카드 사용의 폭도 커진다. 회사 돈으로 큰 혜택을 누릴 수 있어 자기 돈을 쓸 일이 별로 없다. 조직의 규모가 크거나 좋은 조직이라면 임원에 대한 혜택은 더욱더 풍성하다. 그런데 이러한 혜택은 일종의 중독성이 있다. 추후 임원에서 물러나거나 조직 상황이 여의치 않아지면, 혜택이 중단되거나 줄어들 수 있는데 이때 크나큰 금단증상을 보이는 것이다. 요즘은 대팀제와 애자일 조직 등 조직 풍토가 바뀌고 있다. 이런 현실에서 임원들 간의 계층은 사라졌고 그간 받았던 혜택들도 초라할 정도로 줄었다. 그에 반해 실무적 부담은 점점 더 많아지고 있다. 이제 임원들은 경제적 혜택에 대한 기대감보다 실적에 대한 부담감을 더 크게 느끼는 것이다.

이유3 관료적 권위. 임원이 되면 지시받는 위치에서 지시하는 위치로 변한다. 누구나 권력에 대한 욕구가 있다. 타인의 의지대로 살아왔던 직장인에게 지시할 수 있는 권력은 너무나 달콤한 유혹이다. 때로는 마음껏 불쾌한 감정을 드러낸다 할지라도 통제받지 않거나 오히려 지배력을 강화할 수 있다. 그런데 지금은 상황이 많이 변했다. 아무리 임원이라고 해도 원칙을 깨고 변칙을 활용하거나 갑질을 한다면, 직원들의 강력한 저항이라는 직격탄을 맞는다. 요즘 직원들은 조직의 리더들에게 저항할 이유가 생기면 정면 대응에 나서거나 SNS를 통해 주저없이 부당함을 알린다. 어떤 때는 고용노동부와 같은 국가기관에 투서를 보내기도 한다. 외형상으로는 임원이 강자로

리더의 길

분류되고 직원은 상대적 약자로 인식되지만, 실제로는 임원이 직원을 이길 수 없는 것이다.

이유4 사회적 인정. 승진하면 명함이 바뀌듯이 임원이 되면 명함이 달라진다. 명함에 임원임을 표기하면, 별다른 설명을 하지 않더라도 사회적으로 인정을 받는다. 누구나 인정받고 싶은 욕구가 있다. 가족, 친구 등 사회적 관계에 있는 주변인들로부터 인정받는다는 것은 그 자체로 강한 자기 만족을 준다. 그러나 지금은 임원을 더 이상 인정만 해주지 않는다. 생존하는 임원보다 사라지는 임원이 더 많아지고 있는 현실에서 임원을 오히려 걱정해주고 염려해주는 경우가 많다. 임원의 품위가 추락한 것이다. 임원이 되었다는 기쁨은 3일 만에 사라진다. 대신 생존을 위해 준비부터 하라는 충고에 불안해지기 쉽다.

물론 임원이 된 후로도 오랫동안 자리를 유지하는 임원도 많다. 그러나 임원이 된 지 겨우 3년 만에 통보를 받고 자리에서 물러나는 임원이 훨씬 많은 게 현실이다. 사실 임원들은 자신과 조직의 생존을 위해, 때로는 마음에도 없는 압박을 직원들에게 가하며 실적에 매진한다. 위장된 아첨도 마다 않고 생존을 구걸하기도 한다. 그럼에도 불구하고 조직에서 어떤 문제가 생겼을 때, 책임자가 명확하지 않으면 어쩔 수 없이 임원이 떠나는 것으로 책임을 져야 할 때가 있다.

특별한 이유없이, 변명의 기회도 얻지 못하고 조직에서 버림을 받는다면 임원들은 어떤 생각을 할까? 그렇게 억울한 심정을 한 채 조직을 떠난 임원은 '희생 증후군sacrifice syndrome'을 보인다. 희생 증후군은 리더가 자신의 임무와 책임을 완수하는 과정에서 발생하는 심리적 압박으로, 이것이 심해지면 그토록 사랑했던 조직을 적으로 판단하고 분노하며 공격하게 된다. 임원을 하는 동안 목숨 걸고 지켜왔던 조직의 약점을 이용하여 자신에게 모욕감을 준 조직을 협박하고 벌하고 싶어지는 것이다. 조직을 위해 희생해온 임원이 적이 된다면 누가 이들을 막을 수 있을까? 조직은 치명적인 상처를 입을 공산이 크다.

물론 대기업의 경우에는 고위직 임원들이 퇴직한 후 별도의 편의와 심리적 안정감을 유지할 수 있도록 보상하는 제도가 있다. 그러나 상대적으로 규모가 작은 조직들은 떠나는 임원에 대한 별도의 배려가 없는 경우가 많다. 이런 조직에서 일하는 임원들은 늘 가슴에 불안감을 안고 살아야 한다. 또한 조직을 떠난 뒤에는 자신이 버림을 받았다는 생각을 지속하다가 조직을 협박이라도 해서 상처받은 사회적·경제적 보상을 쟁취하고자 할 수 있다.

조직에서 물러난 임원들은 곧 잊힌다. 그리고 물러난 임원들의 마음에서도 조직에 대한 책임감과 고마움이 금세 잊힌다. 조직을 위해 희생했던 기억만 남고 좋았던 추억은 사라진다. 특히 조직이 성과를 달성하는 과정에서 원칙을 어겼던 경우가 있었고 그 증거를 가지고 있다면, 그 임원은 조직에 엄청난 사건을 불러올 수 있다. 증거를 가진 직원을 조직이 이길 수는 없다. 한번은 어떻게 무마한다 치더라도 줄줄이 내부 고발이 이어지며, 결국 조직은 악화 일로를 걸을 수밖에 없다. 비용을 줄이자고 임원을 내보냈다가 더 많은 비용을 지출하게 생긴 상황이다.

직원은 무서워해도 임원은 무서워하지 않는 것이 요즘 조직이다. 그만큼 임원의 해고가 쉽고 구조조정에 머뭇거림이 없다는 점에서 임원은 소외되고 무력화되었다. 궁지에 몰린 임원 모두가 천사라면 고민할 것도 없다. 그러나 현실은 그럴 리 없다. 조직이 먼저 임원에게 예의를 지켜야 한다. 떠나는 임원에게 모욕감을 주지 않도록 일방적 해고 통보가 아닌 지속적인 대화로 떠날 준비를 할 시간을 줘야 한다. 특히 젊은 단기 임원들은 떠날 준비도 안 되어 있고 잘못을 받아들일 만큼 누린 것이 없다. 그래서 더 희생 증후군에 빠지기 쉽다. 그러므로 오랜 시간을 들여 이별을 준비하고 혜택을 주는 데 인색해지면 안 된다.

결국 임원의 리스크를 줄이려면 먼저 예의를 갖추고 떠나는 임원에게 타당한 설명과 설득을 해야 한다. 조직의 상황과 양해를 구하는 정중하고 품위 있는 사전 설명이 선행되어야 하는 것이다. 그리고 임원이 활동하는 중에는 중간 평가를 통해 역할 수행에 대한 피드백을 주어 충격을 완화할 수 있는 심리적 여유를 제공해야 한다. 갑자기 떠나게 되면 그 충격에 인과관계를 판단하기 어려워진다. 임원에서 물러나기 전에는 공정한 보상을 주도록 한다. 이는 혜택을 단순히 많이 주라는 게 아니라, 적게 주더라도 왜 그렇게 주는지 배려 있게 설명하란 의미다. 마지막으로, 임원을 선발할 때 신중을 기해야 한다. 어쩌다 운 좋아 임원이 되었다는 느낌을 임원이 느끼지 않도록 해야 한다.

임원도 사람이다. 물려받은 재산이 없다면 퇴직 후 힘들기는 마찬가지다. 어쩌면 일반 직원들보다 더 견디기 어려울 수 있다. 그들을 마냥 행운아로 치부하는 것은 지양해야 한다. 특히 짧은 시간 임원을 하고 물러난 임원은 더욱 그렇다. 임원들이 희생 증후군에 걸려 조직에 분노를 표출하지 않도록 제도적 대안과 문화적 정서 그리고 품위 유지를 위한 교육이 선행되어야 할 것이다.

6

조직의 운명을 좌우하는 세 가지 신뢰

직원들이 갖는 '리더'에 대한 신뢰,
'동료'에 대한 신뢰,
'조직'에 대한 신뢰 수준에 따라
조직의 운명은 결정된다.

기업을 경영하면서 경영자에게 반드시 필요한 것이 바로 '자본資本'이다. 자본의 유형은 다양한데, 그중에서 경영자의 능력이 아무리 출중해도 급조할 수 없는 자본이 바로 '신뢰 자본'이다. 조직의 성과는 조직과 일에 대한 직원들의 협력 지수Collaborative Intelligence가 높을 때 창출된다. 이러한 직원들의 협력 지수는 신뢰로부터 나온다. 그래서 신뢰가 돈이 된다고들 하는 것이다.

협력 지수란 직원들이 상생相生을 전제로 협력하고 싶은 심리적 상태라고 할 수 있다. 협력 지수가 높은 직원들은 자신의 업무에 몰입하여 궁극적으로 성과를 창출한다. 그러므로 직원들의 협력 지수를 높여주는 신뢰에 대해 경영자는 진지한 고민이 필요하다.

경영자가 신뢰 자본을 확보하기 위해서는 다양한 차원의 이해가 선행되어야 한다. 달리 표현하면 직원들의 협력하고자 하는 의지, 즉 협력 지수를 떨어뜨리는 방해 요인을 먼저 파악하라는 말이다. 직원들은 함께 일하는 리더와 동료들의 관계에서 신뢰를 잃으면 일할 의욕을 상실하고 협력을 거부하게 된다. 또한 조직에 실망하거나 섭섭한 마음을 갖게 될 때도 협력 지수가 떨어진다. 따라서 경영자는 신뢰의 차원을 '리더에 대한 신뢰', '동료에 대한 신뢰', '조직에 대한 신뢰'의 세 가지 차원으로 구분하여 이해할 필요가 있다.

'**리더에 대한 신뢰**'. 조직에서 리더에 대한 신뢰가 없다면 정상적인 직장 생활을 할 수가 없다. 매일 얼굴을 맞대야 하는 리더가 불편한데 일이 잘될 리 없다. '직원은 회사를 떠나는 것이 아니라 리더를 떠나는 것'이란 말이 틀린 말이 아니다. 리더들 중에는 직원들에게 지나친 실적을 강요하거나 비인격적인 행동과 소위 '갑질'에 가까운 비윤리적 행동을 서슴지 않는 자들이 있다. 조직을 위한다는 명분이 있겠으나, 이런 행동은 리더에 대한 신뢰를 저해할 뿐만 아니라 직원들의 협력 지수를 떨어뜨리는 강력한 요인이 된다. 가뜩이나 세대 차이로 인한 갈등에 시달리는데, 리더에 대한 신뢰마저 잃으면 직원들의 심리는 불안정해질 수밖에 없다.

따라서 경영자는 리더에 대한 신뢰를 깨뜨리는 지나친 성과주의를 경계하고, 건전한 조직문화와 원칙을 수립하도록 적극 개입해야 한다. 예를 들면, 리더들에 대한 리더십 교육을 강화하는 것이다. 특히 리더십 교육에서는 세 가지 내용을 반드시 고려해야 한다. 먼저 리더십 정체성 확립이다. 리더가 자신의 역할이 무엇인지 명확히 알도록 해야 한다. 그리고 리더십 기법을 학습시킨다. 현업에서 실제로 써먹을 수 있는 스킬을 알려주는 데 주력하는 것이다. 마지막으로 리더들이 서로 상호작용을 할 수 있는 기회와 장을 만들어줘야 한다. 서로의 고민과 성공 및 실패 사례를 공유해 리더십 시너지를 창출할 수 있도록 해야 한다. 리더 교육만 잘 진행되어도 직원들을 변화시킬 수 있다. 직원들은 항상 자신의 리더를 관찰하고 학습하며 모방하기 때문이다.

'**동료에 대한 신뢰**'. 한 글로벌 리서치 기관이 직장에 다니는 이유를 묻는 설문조사를 했는데, 결과에 '함께 일하는 동료에 대한 신뢰가 세 번째로 중요하다.'라고 나온 걸 본 적이 있다. 근묵자흑近墨者黑이라고 했다. 검은색을 가까이 하면 검게 된다는 말이다. 2011년에 출간된 니컬러스 크리스태키스Nicholas Christakis, 제임스 파울러James Fauler 공저의 《행복은 전염된다Connected》에서는 나쁜 사람과 가까이 하면 나쁜 데 물들기 쉽고, 행복한 사람과 가까이 하면 행복감을 느낄 수 있다고 밝혔다. 친구의 친구의 친구가 행복하면 나의 행복 지수도 6% 증가하고, 친구의 친구가 행복하면 10%, 친구가 행복하면 15%나 증가한다고 한다. 두 교수는 10년간 병원을 찾은 5,124명의 친구 관계를 조사해 5만 3,228건을 분석하여 이런 결과를 얻었다.

즉, 행복은 전염된다. 신뢰도 그렇다. 신뢰 있는 동료를 곁에 두면 많은 긍정적인 부분들이 나에게로 전염된다. 협력 지수도 최고조에 이른다. 동료와의 관계가 좋으면 리더와 갈등이 있더라도 견딜 수 있다. 리더로부터의 고통이 분산되기 때문이다. 반대로 동료들과의 관계가 좋지 않다면 리더나 조직으로부터 받는 스트레스나 고통을 분산시킬 방법이 없어진다. 힘겨운 조직 생활은 더욱 힘겨워지고 협력 지수도 마이너스로 전락하고 만다.

따라서 경영자는 무엇보다 직원들 개인 간 혹은 부서 간 이기주의를 극복하고 신뢰관계를 높일 수 있는 다양한 제도를 마련해야 한다. 예를 들면, 부서 간 회식이나 일정 기간 부서 이동을 감행해 서로의 업무와 상황을 이해하게 해주는 것이다. 또 갈등이 발생하면 신속하게 조정할 수 있는 전담 부서(이를테면 기업문화팀 같은 것)의 신설 등을 통하여 동료 간 수평적인 신뢰관계를 회복하도록 총력을 다해야 한다. 가장 경계해야 할 것은 조직 내부의 갈등을 방치하다 외부와의 갈등에 무기력해지는 상태다. 경영자는 정기적으로 직원들 간의 신뢰 수준을 파악하고 대응하여, 직원들이 높은 수준의 협력 지수를 유지토록 직접 챙겨야 한다.

'조직에 대한 신뢰'. 가장 강력하고 결정적인 신뢰가 바로 조직에 대한 신뢰다. 요즘 직원들은 예민하다. 착한 마음만으로 조직에 대한 불만을 기꺼이 인내하지 않는다. 리더와 마음이 맞고 동료와 친해도 조직에 대한 신뢰가 없으면 미련 없이 조직을 버린다. 조직에 대한 신뢰는 조직의 공정성으로 판단된다. 제한된 자원을 분배하는 과정에서 불공정한 사건이 발생하면 조직의 공정성은 의심받게 된다. 또한 조직의 의사결정 절차가 공정하지 못할 경우에도 마찬가지다. 개인 혹은 부서 단위의 차별 역시 조직의 공정성을 저해하는 요소가 된다. 직원들은 이러한 상황 앞에서 조직에 대한 신뢰를 포기한다.

물론 조직에서 불가피한 이유로 공정성을 확보하기 어려운 상황도 존재한다. 하지만 그 어떤 때라도, 경영자는 조직이 정해놓은 원칙을 준수하고자 노력해야 한다. 불가피한 상황이라면 진정성 있고 솔직하게 직원들에게 상황을 설명하고 이해를 구해야 한다. 직원들은 조직의 입장을 이해하지 못해서 분노하는 것이 아니라 무시받고 배려받지 못해서 분노하는 것이다. 그러므로 경영자는 조직 내의 공정성 확보를 위한 원칙을 수립하고 일관성 있게 실행해야 한다. 그리고 내부 소통문화도 제도적으로 정돈해야 할 것이다. 조직이 직원을 따돌리면 직원들은 침묵으로 저항하고, 조직의 소통은 영원한 불통으로 남는다. 불통은 비협력을 초래하고 직원들의 회피동기를 자극하여 궁극적으로 조직의 성과 창출은 실패로만 남는다는 것을 명심하자.

세 가지 차원의 신뢰 중 어느 하나 중요하지 않은 것이 없다. 각 차원의 신뢰는 합(+)의 관계가 아니라 곱(x)의 관계다. 하나라도 제로가 되면 모든 차원의 신뢰가 흔들리고 만다. 그리고 망가진 신뢰 수준은 평소엔 드러나지 않다가도 조직이 위기에 처하면 바로 얼굴을 드러낸다. 개인이나 부서들이 절대 손해 보지 않겠다는 이기심을 갖기 때문이다. 따라서 신뢰 기반의 협력 지수에 따라 조직의 성과는 결정된다는 명확한 논리를 경영자는 명심해야 할 것이다.

7

조직을 갉아먹는
'침묵'의 위험성

침묵은 더 이상 금金이 아니다.
소통 없는 조직에는 고통만 있다.
소통은 강도가 아니라 빈도다.

침묵沈默은 금金이란 말이 있다. 하지만 이제 더 이상 침묵은 금이 아니다. 오히려 다양한 위기에 처한 기업들에게 침묵만큼 암적인 존재도 드물다. 직원들의 침묵은 '방관'에서 비롯되고, 방관은 조직에 대한 '체념'과 '무관심'에서 기인한다. 따라서 침묵은 일시적인 현상이 아니라 하나의 문화로 고착될 수 있다. 침묵의 위험성을 더욱 면밀히 살펴보자.

첫째, 침묵은 시작과 끝을 알기 어렵다. 침묵은 갑자기 발생하지도 않지만 갑자기 사라지지도 않는다. 또 언제 시작되었고 언제 끝나는지 알기 어렵다. 이유는 침묵의 원인이 다양하다는 데 있다. 직원들의 침묵은 개인차가 크다. 리더의 리더십에 대한 불만, 동료들 간의 불화, 상습적으로 약속을 어기는 조직, 공정성을 상실한 기업문화 등 다양한 요소가 침묵을 야기한다. 이렇게 요인이 다양하다 보니 침묵은 언제 어느 때 발생하는지 정확히 파악하기가 어려운 것이다. 또 각자의 이유로 침묵이 발생한 만큼 직원이 조직을 떠나기 전까진 사라지지도 않는다.

둘째, 침묵은 전염 속도가 빠르다. 침묵은 소리 없이 전염되는 경우가 많다. 사실 직원들이 조직을 바라보는 시각과 판단은 누군가의 강요나 해석이 없어도 대체로 유사하다. 상황이 자신에게 불리하다고 느끼면, 외부 정보에 민감하게 대응하게 되기 때문이다. 이러한 직원들의 민감한 판단으로 촉발된 침묵은 그 속도가 매우 빠르다. 특히 조직 내부와 외부로부터 유입되는 정보는 비공식적인 SNS나 입소문을 통해 그 진실성과 관계없이 신속하게 공유되고, 이로 인해 침묵은 가속화된다. 조직 내부에 신뢰도가 낮거나 정보가 잘 전달되지 못하는 분위기라면 더욱 그러하다. 그래서 경영자는 명심해야 한다. 직원들이 벙어리일 수는 있지만 귀머거리는 아니라는 사실을. 직원들도 알 거 다 알고 판단할 건 다 판단한다. 단지 침묵할 뿐이다.

셋째, 경영자가 침묵을 고의적으로 회피하기 쉽다. 경영자도 머리가 복잡하거나 불안감이 크면 침묵을 고의적으로 왜곡하고 싶은 유혹에 빠진다. 또 직원들의 침묵을 이해와 인내로 해석하고 싶어지기도 한다. 경영자의 이러한 욕구를 고위 관리자들이 모를 리 없다. 그러면 그들은 직원들의 목소리를 알아서 차단하거나 왜곡하여 경영자에게 전달한다. 이런 일이 반복되면 직원들은 절망하고 더 이상 의견을 말하지 않거나 체념한다.

그렇다면 어떻게 해야 조직의 침묵을 최소화하거나 제거할 수 있을까? 리더와 조직 그리고 문화적 관점에서 그 해법을 살펴보자.

리더의 관점에서는 리더가 리더십을 발휘해야 한다. 침묵의 원인은 리더로부터 비롯되는 경우가 많다. 예를 들어 회의 때 분위기를 살펴보면 확연히 드러난다. 한 리서치 회사의 조사 결과를 살펴보면 회의를 해봐야 결국 상사의 의견대로 결론이 난다고 응답한 사람이 66% 이상이라고 한다. 회의 때 리더가 자신의 의견만을 일방적으로 전달한다는 응답도 54%였다. 물론 사안이 공개하기 어렵거나 시간이 부족할 때, 직원들의 역량이 상대적으로 부족할 때에는 어쩔 수 없이 리더가 독단적으로 의사결정을 내려야 하는 경우도 있다. 그러나 실상은 무서운 리더의 권력 앞에 부하 직원들이 용기를 내지 못하는 경우가 대부분이다.

2015년 9월 발생한 폭스바겐 배기가스 사건은 170유로였던 폭스바겐의 주가를 일주일 만에 110유로로 폭락시키는 원흉이었다. 당시 폭스바겐은 최대 650억 유로(약 86조 원)의 손실을 껴안았다. 이 사건의 배경에는 폭스바겐의 윤리적 문제뿐 아니라 조직 내부적으로 침묵의 문제가 존재하고 있었다. 당시 최고경영자였던 마틴 비터콘Martin Winterkorn은 이산화탄소 배출량을 30% 줄이라는 독단적인 지시를 내렸다. 직원들은 누구도 반론하지 않고 명령을 따랐다. 이 침묵의 결과는 모두가 알다시피 재앙이었다.

이렇게 리더의 부정적 피드백을 두려워하여 이를 회피하기 위해 침묵하는 것을 '방어적 침묵Defensive Silence'이라고 한다. 방어적 침묵은 리더가 좋아할 만한 말이 준비되어 있지 않을 때 침묵으로 임기응변하는 것과 같다. 결국 직원의 입을 막는 리더십이 조직에 최악의 결과를 가져오는 셈이다.

조직의 관점에서는 조직의 공정성을 약속하는 것이 중요하다. 기업은 급변하는 경영 환경 속에서 외부로부터 수많은 도전과 위기에 직면한다. 때로는 직원들에게 통보 없이 불가피한 의사결정을 실행하게 되고 약속을 지키지 못하는 경우도 발생한다. 나쁜 의도만 아니라면 이해하고도 남는다. 그러나 이해는 해도 조직이 아무런 설명을 해주지 않으면 어쩔 수 없이 불안감을 느낀다. 이 불안감을 제대로 해소해주지 않으면 이는 분노가 되고, 직원들은 화풀이할 대상을 찾기 마련이다. 그 대상은 제품이나 서비스로 귀결된다.

그리고 직원들은 받아들이기도 어려운데 설명조차 해주지 않는 조직에 대해서 침묵이라는 저항을 선택한다. 이런 침묵을 '체념적 침묵Acquiescent Silence'이라고 한다. 체념적 침묵이란 현재의 상황을 바꾸거나 관여할 의지가 없거나 현 상황에 영향을 미칠 수 없다는 무능감을 인식한 행동이다. 서로가 침묵하고 서로를 원망하면 서로가 힘들어진다. 그러므로 조직이 먼저 공정성을 약속해야 한다. 조직을 믿을 수 있어야 할 말도 있고 기대도 할 수 있다.

조직문화의 관점에서는 신뢰 기반의 소통문화로 나아가는 것이 필수다. 침묵이 부정적인 면만 있는 것은 아니다. 보통 조직에서는 불필요한 발언 때문에 갈등을 겪기도 한다. 즉, 말을 하지 않아서 생기는 문제도 있지만 하지 말아야 할 말 때문에 촉발되는 문제도 적지 않은 것이다. 생각해보라. 출근하면부터 동료를 어떻게 이길 것인지 고민하는 직원이 하는 말이 어떤 것일지를. 분명 서로를 상처 주는 말을 불필요하게 자행하게 될 것이다. 그래서 부정적 결과를 초래할 수 있는 발언을 자제하고 보다 효과적이고 긍정적인 발언을 선호하는 소통문화를 구축할 필요가 있다. 이러한 소통문화는 부정적인 침묵을 줄이는 동시에 조직의 신뢰를 공고히 할 수 있는 방법이다. 즉, 신뢰 기반의 소통문화다. 구체적인 실행 방법으로는 '친사회적 침묵 Prosocial Silence'이 있다. 친사회적 침묵은 이타주의나 협동적 동기를 바탕으로, 다른 사람이나 조직에 이익이 되게끔 불필요한 아이디어, 정보, 의견을 철회하는 것이다. 잘못된 것을 알고도 모르는 체하는 '묵인默認'과는 다른 개념이다. 악의적인 의도가 아닌 모두를 위한 침묵이 친사회적 침묵이다.

조직의 침묵은 다양한 원인에서 비롯되며 그 해법 또한 다양하다. 성공하는 경영자는 직원들의 협력과 지원이 절대적으로 필요하다. 기업은 잘나갈 때 함께하는 직원도 고맙지만, 어려울 때 필요한 말을 해주는 직원도 고마운 법이다. 이 반가운 직원들은 결국 경영자의 리더십으로 만들어진다. '경영이란 인간에 대한 이해'라고 말했던 일본 마쓰시타 고노스케 회장의 교훈이 다시금 생각나는 바이다.

8

민첩한 조직을 만드는
실행 전략

민첩한 조직은 민첩한 직원에 의해 만들어지고,
민첩한 직원은 민첩한 리더에 의해 만들어지며,
민첩한 리더는 민첩한 조직문화로 만들어진다.

민첩한 조직은 어떻게 만들어질까? 민첩한 조직은 선순환 구조를 갖고 있다. 민첩한 조직문화가 민첩한 리더를, 민첩한 리더가 민첩한 직원을, 민첩한 직원이 민첩한 조직을 만드는 것이다.

그렇다면 출발점은 어디일까? 과연 무엇이 먼저 선행되어야 이 선순환이 정상적으로 가동될까? 민첩한 조직과 직원 그리고 리더는 합의 관계가 아니라 곱의 관계이다. 어느 것 하나라도 제로가 된다면, 선순환은 이루어지지 않는다. 결정만 빠르고 지원은 부족한 조직, 지시만 빠르고 설명은 부족한 리더, 불평만 많고 실행은 부족한 직원이 존재한다면 혁신은 하나의 구호로만 끝난다. 그동안 혁신이라는 명분으로 조직을 뒤흔들어 직원들을 시달리게 하다가 갑자기 시들해진 구호들이 얼마나 많았던가. 민첩한 조직 또한 양치기 소년처럼 조직의 반복되는 유행병 정도로 해석될 수 있다. 그러나 최근의 경영 환경 변화는 민첩한 조직으로의 변신을 실질적으로 요구한다.

조직과 리더 그리고 직원들이 함께 역동적으로 움직여준다면 민첩한 조직은 실현할 수 있다. 이러한 믿음에 근거하여 민첩한 조직을 만들기 위한 세 가지 실행 전략을 살펴보고자 한다.

첫째, 민첩한 조직이 되는 전략은 공감과 합의 그리고 제도적 장치다. 조직에는 다양한 사람이 존재한다. 각기 생각도 다르고, 해석도 다르며, 반응도 다르다. 단기실적에 지나치게 집중하는 요즘의 조직 현장에서는 조직 본연의 정신이 담긴 문화와 핵심 가치가 제 역할을 하지 못하고 있다. 실적만 잘 내면 모든 것이 용서되는데, 조직의 가치와 비전이 무슨 소용이 있을까. 당장의 실적만을 좇으니 오히려 조직에 유해한 행위를 하거나 부당 행위를 서슴지 않는다. 이런 행태는 민첩하게 움직여도 부족한 상황에서 불필요한 경쟁과 갈등을 양산하기도 한다.

이제는 조직이 어느 방향으로 향하고 있는지 직원들에게 정확하게 알려주어야 한다. 조직의 비전을 재점검하고 재구성하는 것이다. 그리고 조직 내부에 민첩한 조직을 실현하기 위한 평가 제도를 구축해야 한다. 민첩한 조직이 되어야 하는 이유와 방법, 예상되는 장애 요인을 면밀히 살펴 제도적 기준을 세우는 게 중요하다. 구호는 구호일 뿐이다. 눈에 보이는 제도적 기준이 행동의 결정을 이끈다.

민첩한 조직으로의 변신을 위한 비전과 가치를 임직원들에게 설명하여 '공감'과 '합의'를 유도하고, 명확한 실행을 위한 '제도적 장치'를 구축하는 것, 이것이 조직이 선택할 전략이다.

둘째, 민첩한 리더가 되기 위한 실행 전략은 개인적 혜택의 강조다. 리더야말로 조직과 직원 사이에 끼여 가장 힘든 역할을 수행 중이다. 조직의 명령을 전달만 하거나 리더가 먼저 조직에 대한 불만을 토로 한다면 리더가 설 자리는 없다. 게다가 직원들은 본인에게 이득이 있어야 민첩해지고자 마음을 먹는다. 이득이 없으면 '민첩'이라는 말만 봐도 조직을 위해 죽어라 일하라는 소리냐 생각할 수 있다. 천천히 하라고 해도 짜증날 판인데, 민첩하게 움직이라 다그치기까지 하니 화가 날 수밖에 없다. 심지어 이제는 단축 근무제까지 시행 중이다. 한정된 시간 안에 일을 다 마치라고 하면 직원들이 엇나가는 건 자명한 일이다. 괜히 리더가 공공의 적이 될 수도 있다. 어떻게 해야 할까?

우선은 리더가 업무를 명확히 장악하고 있어야 한다. 리더가 실무를 알아야 업무 분장을 제대로 할 수 있다. 업무 분장만 잘해도 성과는 물론 직원들의 불만을 줄이는 효과가 있다. 다음으로는 일이 주는 '개인적인 혜택'을 반드시 이해시켜야 한다. 조직을 떠나면 조직에 머물던 시간만큼 홀로 경제적 활동을 해야 하는 세상이다. 이런 현실을 직원들에게 이해시켜, 조직에 있을 때 전문가로 거듭나야 함을 진정성 있게 격려하라. 개인의 성장을 앞당기는 방법은 일하는 방식의 변화에 있으며, 이 변화 중 하나가 동일한 시간에 얼마나 민첩하게 움직여 더 많은 지식·정보·경험을 체득하느냐이다. 이 점을 직원들에게 충분히 강조해야 한다.

조직의 이익은 개인의 이익을 넘지 못한다고 했다. 리더가 직원 개인의 이익을 전제로 한 설득에 실패한다면 지는 게임을 시작하는 것과 같다. 민첩한 직원으로 거듭나는 것이 전문가로 거듭나는 가장 빠르고 지혜로운 길이며, 개인과 조직의 동반 성공을 가져올 수 있음을 리더가 먼저 말해줘야 한다.

　셋째, 민첩한 직원이 되기 위한 실행 전략은 내공 쌓기다. 조직이 원하는 대로 민첩하게 움직이면 직원은 대체 뭘 얻을 수 있나? 혹시 괜히 조직 좋은 일만 하고 정작 자신은 일만 하다가 버림받는 것을 아닐까? 이런 두려움은 월급쟁이라면 누구나 가지고 있다. 직장 생활의 수명은 점점 줄어들고 여생은 더 길어지며 고민은 날로 깊어만 간다. 해법은 딱 한 가지다. 스스로 단단해지는 것이다.

　그 누구로부터 구속받지 않고 온전히 자신의 내공과 의지로 인생을 살고 싶다면 먼저 조직에 있을 때 자신만의 내공을 쌓아야 한다. 수영장에 오랜 시간 몸을 담그고 있다고 해서 수영선수가 되는 것은 아니다. 계속 헤엄을 치며 자세를 고치고 체력을 길러야 된다. 내공이란 이렇게 농밀한 노력의 결과로 만들어진다. 직장인이 내공을 키우는 가장 좋은 방법은 자신의 업무를 조직에서 가장 잘하는 사람이 되는 것이다. 소위 '언터쳐블Untouchable'이 되면 다른 일도 잘할 수 있다. 하는 일마다 민첩해지고 농밀해지고 단단해지며 내공이 쌓인다. 내공이 커지면 떠날 준비가 되었다고 해석해도 무방하다. 조직에서의 민첩함을 자기 발전의 기회로 해석하면 힘겨운 조직 생활도 견딜 만하다. 조직에서 보내는 시간을 불평불만과 냉소적 태도로 보내면 본인만 손해다.

　결국 민첩한 조직은 조직과 리더 그리고 직원이 각 주체의 이해

관계와 이익의 관점에서 해석되고 조정되어 합의에 이르러야 한다. 일방적으로 한 주체만 이익을 얻어선 민첩한 조직이 될 수 없다. 서로의 입장을 수용하고 함께 노력하는 실행 전략이 민첩한 조직을 만드는 가장 좋은 방법임을 잊지 말아야 한다.

조직의 운명을 좌우하는 리더의 定道

리더의 길

1판 1쇄 발행 2019년 7월 1일
1판 4쇄 발행 2022년 9월 15일

지은이 신제구
펴낸이 조윤지
P R 유환민
책임편집 박지선
디자인 디자인그룹 헌드레드

펴낸곳 | 책비(제215-92-69299호)
주소 (13591) 경기도 성남시 분당구 황새울로 342번길 21 6F
전화 031-707-3536
팩스 031-624-3539
이메일 readerb@naver.com
블로그 blog.naver.com/readerb

'책비' 페이스북
www.FB.com/TheReaderPress

책비(TheReaderPress)는 여러분의 기발한 아이디어와 양질의 원고를 설레는 마음으로
기다립니다. 출간을 원하는 원고의 구체적인 기획안과 연락처를 기재해 투고해 주세요.
다양한 아이디어와 실력을 갖춘 필자와 기획자 여러분에게 책비의 문은 언제나 열려 있습니다.
•readerb@naver.com